LE
BOUTON DE ROSE.

OUVRAGE POSTHUME D'UNE CHRÉTIENNE.

PRIX : 40 CENTIMES.

TOULOUSE,

SOCIÉTÉ DES LIVRES RELIGIEUX.

Dépôt : rue des Balances, 35, hôtel Sans.

1858.

LE

BOUTON DE ROSE.

PUBLIÉ PAR LA SOCIÉTÉ DES LIVRES RELIGIEUX
DE TOULOUSE.

Toulouse, Imp. de A. CHAUVIN, r. Mirepoix, 3.

LE
BOUTON DE ROSE.

OUVRAGE POSTHUME D'UNE CHRÉTIENNE.

Quiconque ne renonce pas à tout ce
qu'il a, ne peut être mon disciple.
(Luc, XIV, 33.)

TOULOUSE,
SOCIÉTÉ DES LIVRES RELIGIEUX,
Dépôt : rue des Balances, 35, hôtel Sans.

1858.

LE
BOUTON DE ROSE.

CHAPITRE PREMIER.

Qu'un ami véritable est une douce chose !
Il cherche nos besoins au fond de notre cœur.

LA FONTAINE.

Le château de Meyrargue, situé dans une plaine riante et fertile, était remarquable autant par la beauté de ses jardins que par ses hautes tourelles qui dessinaient leurs gracieux contours sur le beau ciel du midi de la France. La façade principale était

plus moderne que le reste du bâtiment qui datait du moyen-âge. Au
reste, cette dernière partie se réduisait à deux épaisses tours, séparées
l'une de l'autre par une grande terrasse que des mains diligentes avaient
toujours soin d'orner de fleurs. De
cette terrasse, l'œil découvrait une
vue charmante : d'abord l'étang ; plus
loin les grands arbres du parc entrelaçant leurs feuillages variés, et plus
loin encore des montagnes bleues qui
encadraient l'horizon et se confondaient avec le ciel.

Le devant du château présentait un
aspect encore plus agréable : tout y
était riant, gracieux, animé ; les
fleurs du jardin étaient suaves et odorantes, et les oiseaux réjouissaient le
parc de leurs chants joyeux.

Cette belle demeure avait jadis retenti du bruit des réjouissances et des
fêtes. Le baron de Meyrargue y conduisit un jour son épouse dans tout

l'éclat de la jeunesse et de la beauté. Une nombreuse société s'était réunie au château pour fêter cette union à laquelle tout promettait un heureux avenir. Mais Dieu, dont les voies ne sont pas nos voies, vint détruire d'un seul coup cette félicité terrestre. La jeune femme mourut l'année suivante en donnant le jour à une fille, et son mari, désabusé du monde, éleva ses regards et ses affections vers Celui qui seul peut satisfaire les besoins intimes de nos cœurs. Bientôt, atteint lui-même d'une maladie violente et cruelle, il alla retrouver dans un monde meilleur celle qu'il avait aimée..... Et tandis que dans le ciel ils jouissaient d'une douce félicité en la présence du Sauveur, il ne resta plus rien d'eux ici-bas qu'une tombe solitaire et un enfant au berceau.

Le vieux baron de Meyrargue se vit ainsi frappé dans l'endroit le plus sensible : la mort de son fils était l'anéantissement de toutes ses espérances, de tous ses plans d'avenir. Longtemps absorbé, d'abord par l'étude des sciences, puis par des combinaisons politiques, il s'était fatigué des unes, dépris des autres, et son fils était devenu l'idole de son orgueil. Heureux alors s'il eût compris, lorsque ce fils lui fut enlevé, qu'un Dieu jaloux, mais rempli d'amour, ne brisait son cœur que pour s'en rendre maître ! Hélas ! cette épreuve ne fit qu'endurcir le vieillard ; et comme le malheureux naufragé s'attache à la dernière planche qui lui reste, il transporta sur sa petite-fille tout ce qu'il y avait de tendresse dans son cœur paternel. Cette enfant devint désormais le but de sa vie et colora de quelques rayons les derniers jours de son existence.

Des soins vigilants et assidus entourèrent le berceau d'Augusta ; des servantes dociles se plièrent à ses moin-

dres caprices; mais elle ne trouva
jamais autour d'elle les attentions, la
sympathie délicate, le regard tendre
et sérieux d'une mère. Instinctivement elle comprit que ceux qui l'entouraient n'étaient pour elle que des
étrangers, et son œil intelligent dis-
tingua bientôt la différence qui existait entre l'affection de son grand-père
et celle des domestiques du château.

C'est ainsi que l'enfant grandit,
remplissant la maison et les jardins
de sa présence. Singulièrement dé-
veloppée pour son âge, pleine de
fraîcheur et de gaîté, elle montrait
peu de goût pour l'étude. Sa gouvernante prenait une peine infinie pour
fixer son esprit; l'enfant ne pensait
qu'à ses jeux, et, avec la mobilité
ordinaire de son âge, s'échappait au
plus vite pour retourner à ses amu-
sements favoris.

Elle arriva ainsi à l'âge de onze
ans. A cette époque, la gouvernante,

qui jusque-là avait pris soin de son
éducation, fut obligée de retourner
dans son pays. M. de Meyrargue resta
quelque temps avant de prendre un
parti : il sentait le besoin de confier sa
fille à une personne qui pût être à la
fois pour elle une conseillère et une
amie. Après de longues hésitations, son
choix tomba sur une jeune personne de
la Suisse, que la mort de ses parents
et des revers inattendus de fortune
avaient mise dans la nécessité de se
vouer à la carrière d'institutrice.

Par une froide soirée de novem-
bre, tandis que le vent soufflait au-
dehors et balayait en tous sens les
feuilles jaunes et flétries qui jonchaient le sol, M. de Meyrargue était
assis dans un fauteuil antique au coin
de la cheminée. Il tenait encore le
journal qu'il avait lu une partie de
l'après-midi, mais que l'approche de
la nuit l'avait obligé de poser sur
ses genoux. La tête appuyée dans

la main , le regard fixé sur les
cendres du foyer, il commençait à
s'enfoncer dans de profondes médita-
tions, quand une porte s'ouvrit légèrement pour laisser entrer une jeune
fille.

Elle parut un peu désappointée de
retrouver son grand-père dans la
même position. Son visage enfantin
et gracieux portait l'empreinte d'une
agitation inaccoutumée; elle hésita,
ne sachant ce qu'elle devait faire. À
la fin, s'avançant sur la pointe des
pieds, elle s'approcha de la pendule
pour regarder l'heure.

— Qu'y a-t-il, chère enfant ? demanda M. de Meyrargue, s'apercevant
tout-à-coup de la présence de sa petite-
fille.

— Grand-papa, répondit-elle doucement, il est plus de cinq heures,
n'est-ce pas?

— Oui, ma chère, répondit en
souriant le vieillard qui comprit la

pensée d'Augusta ; Mlle Sauvan ne peut tarder à venir.

Augusta s'avança vers la fenêtre; mais les branches des arbres et l'approche de la nuit l'empêchant de rien distinguer, elle sortit de la chambre et passa dans une autre pièce, dont elle ouvrit doucement la porte vitrée qui donnait sur un vieux balcon gothique. Mais aucun son ne parvenait à son oreille, rien que le bruit du vent dans les platanes ou le frôlement des ailes des chauves-souris. Dans la vive anxiété qu'elle éprouvait, l'enfant ne prenait pas garde au froid piquant de la soirée. Tout-à-coup un bruit de roues se fit entendre ; une voiture montait l'avenue de marronniers et de platanes qui conduisait au château.

Il faut dire qu'Augusta attendait sa nouvelle institutrice avec la plus vive impatience. Jusqu'alors elle n'avait eu que des gouvernantes d'un certain âge qui s'étaient arrogé le droit de la

reprendre et de la corriger, sans avoir
cherché à gagner son cœur. La jeune
fille avait senti que cela ne pouvait
lui suffire; elle éprouvait un grand
vide et désirait vivement une amie.
Mais cette amie, où la chercher? La
vie solitaire qu'elle menait l'empêchait
d'avoir aucune relation de son âge.
Son grand-père l'aimait tendrement,
il est vrai, et cette affection était ré-
ciproque ; mais jamais l'enfant n'aurait osé lui confier les pensées folà-
tres qui surgissaient dans son jeune
esprit; d'ailleurs, il n'aurait pu sym-
pathiser avec elle, absorbé qu'il était
toujours par diverses préoccupations.
Depuis longtemps Augusta comprenait
vaguement ce qui lui manquait. Souvent dans ses lectures, lorsqu'elle
rencontrait la peinture de l'amour
d'une mère ou d'une profonde amitié,
son cœur se serrait instinctivement;
ses larmes tombaient une à une sur la
page entr'ouverte, et elle se disait avec

amertume que jamais un tel bonheur ne serait son partage.....

Qu'on juge donc de sa joie quand son grand-père lui annonça qu'elle trouverait une sœur, une amie dans son institutrice. Dès-lors mille projets chimériques, mille rêves dorés remplirent son imagination. Voilà pourquoi nous l'avons vue attendre, avec tant de battements de cœur, l'arrivée de sa nouvelle compagne.

Augusta se hâta de rejoindre son grand-père dans le salon. Bientôt la porte s'ouvrit et Mlle Sauvan entra timidement. Elle était petite, d'une physionomie très-douce, rendue un peu mélancolique par ses vêtements de deuil.

— Soyez la bienvenue, mademoiselle, dit le baron en lui tendant la main.

Mlle Sauvan s'approcha, rassurée par cet accueil bienveillant ; et M. de Meyrargue, prenant la main d'Augusta :

— Voilà votre nouvelle élève, lui dit-il avec bonté; c'est mon trésor que je vous confie.

Le regard que Mlle Sauvan laissa tomber sur l'enfant à mesure qu'elle s'avançait vers elle, était si doux et si tendre qu'Augusta se jeta à son cou, et d'une voix émue :

— Je vous aimerai, dit-elle.

Mlle Sauvan, à la vue de cette gracieuse enfant et de ce naïf abandon, sentit que tout n'était pas mort pour elle sur la terre, et qu'elle venait de trouver encore un être auquel son cœur pourrait s'attacher.

CHAPITRE II.

Hélène Sauvan avait passé son enfance sur les rives du lac Léman, au pied des majestueuses montagnes de la Suisse. Là, au sein d'une vie facile et heureuse, environnée de l'affection d'un père et d'un frère, elle était parvenue à l'âge de dix-sept ans, lorsque des malheurs imprévus vinrent pour jamais détruire son bonheur terrestre.

Oh ! combien la souffrance nous étonne quand elle nous atteint pour la première fois ! De quel poids étrange elle pèse sur notre cœur ! Nous nous demandons ce qu'elle nous veut, pourquoi elle vient arracher le bandeau d'illusions qui couvrait nos yeux et nous faire sentir les cruelles atteintes de son aiguillon. Tels furent les sentiments qui se pressèrent dans l'âme bouleversée d'Hélène quand cet hôte étrange et inconnu vint prendre place à son foyer.

M. Sauvan, ayant été malheureux dans ses entreprises commerciales, fut obligé de vendre sa maison et de louer à Genève un petit logement pour s'y retirer avec ses deux enfants. Mais le chagrin altéra sa santé ; de fortes douleurs l'obligèrent à garder le lit, et l'art des médecins demeura impuissant pour opérer une complète guérison.

C'était donc au moment où Hélène buvait à longs traits dans la coupe empoisonnée des joies du monde, qu'elle se vit transportée du pays enchanteur des rêves dans celui d'une sévère réalité. Comment dépeindre ses murmures et ses révoltes? Le bonheur qu'elle avait goûté un instant lui échappait comme une ombre fugitive, pour ne laisser après lui que regrets et déceptions.

Hélène fut péniblement affectée par ce changement de position. Toutes les images riantes qu'elle s'était formées étaient détruites sans retour. Le présent ne lui apportait que des épreuves, l'avenir ne lui présentait que tableaux lugubres ; elle se raidissait contre sa cruelle destinée, et dans l'excès de son désespoir elle aurait voulu mourir.

Mais le Seigneur avait d'autres vues sur elle ; il voulait l'épurer par ses épreuves, comme on épure l'or au creuset, afin de la rendre un joyau de grand prix qui pût briller à sa gloire.

Trois années s'écoulèrent au milieu

de ces combats. Le cœur d'Hélène était brisé, mais non soumis; il ne demandait à Dieu que la délivrance de la douleur; tel était le cri continuel qui s'échappait de ses lèvres. — Mais comment le Seigneur l'aurait-il exaucée? Le plan qu'il avait formé en la châtiant n'était point atteint; il fallait qu'Hélène comprît le but de ces afflictions avant d'en être délivrée.

Ne nous y trompons pas, ce n'est point afin que nous soupirions après la délivrance que le Seigneur nous afflige, mais son but est de nous révéler le péché par l'amertume de ses conséquences : — *J'ai humilié ton cœur par la souffrance*, nous dit-il. C'est donc la délivrance du péché que nous devons désirer avant toutes choses, puisque lui seul est la cause première de nos épreuves.

Bientôt M. Sauvan devint si malade que ses enfants perdirent tout espoir de le conserver. Il s'éteignit dans leurs bras au milieu de leurs sanglots, en implorant sur eux la bénédiction du Seigneur.

Hélène ne put fermer les yeux pendant la nuit qui suivit la mort de son père. Tout, au-dedans d'elle, se révoltait contre la main sévère qui la châtiait ; des doutes affreux se mêlaient à ses angoisses. Elle se demandait pourquoi les douces affections de famille, puisqu'elles doivent être brisées ; pourquoi cette soif incessante de bonheur, puisque rien sur la terre ne saurait la satisfaire ; pourquoi la vie, puisqu'elle aboutit à la mort. Mais à ces redoutables questions elle ne trouvait aucune réponse.

Les biens de la terre et les vanités du monde n'ont plus d'attrait pour elle. A quoi servent d'ailleurs les joies d'ici-bas ? La mort ne vient-elle pas tout détruire, tout anéantir ?.... La vie est une vapeur fugitive ; ce cadavre étendu devant elle, le lui dit assez. Il lui faut maintenant autre chose : une espérance pour l'avenir plus solide, une vie éternelle, une joie permanente qui puisse la réjouir et la consoler.

Oh ! si le ciel s'ouvrait ; si un céleste rayon du soleil de justice venait illuminer les ténèbres de cette âme ; si la paix de Dieu, qui surpasse toute intelligence, donnait enfin du calme à cet esprit tourmenté !

Et le ciel s'ouvrit, et un rayon du soleil de justice vint tout-à-coup illuminer l'obscurité de son sentier ; une paix divine, la paix de Jésus, inonda son cœur.....

Au-dedans d'elle, tout est misère, péché, révolte ; son passé s'élève pour l'accuser ; mais là, sur la croix, ses regards ont rencontré le Fils de Dieu dont le sang coule goutte à goutte, et dont les lèvres mourantes s'écrient dans une agonie sublime : « Tout est accompli ! » Tout : le péché et la mort ont été vaincus ; Christ a souffert pour l'homme coupable ; sa mort et ses souffrances nous sauvent de la perdition éternelle et nous unissent pour toujours à Celui qui est la source même de toute félicité.

Hélène embrassa par la foi ce Sauveur crucifié, elle crut en lui, elle accepta ses promesses et déposa à ses pieds le fardeau de ses fautes.

Ce fut là son premier pas dans la conversion. Les choses vieilles étaient passées, toutes choses étaient devenues nouvelles. La paix de Dieu pénétrait son cœur, la connaissance de la vérité réjouissait son intelligence, la joie du premier amour lui rendait légères les afflictions du monde présent. Elle était reconnaissante des biens que le Seigneur lui laissait ; elle en rendait grâces et croyait que cela devait suffire. Comme tant d'âmes qui oublient que la vie chrétienne est une vie de renoncement et de combats, elle ignorait encore que le prince des ténèbres réussit à nous voiler long-temps les racines profondes du péché. Mlle Sauvan sentait bien que sa piété n'était point exempte d'imperfections; toutefois elle aimait mieux laisser dans l'ombre cette vérité humiliante, sans doute, mais qui l'aurait certainement amenée à reconnaître la nécessité de la sanctification.

Qu'on nous comprenne bien cependant; la sanctification ne doit ni précéder ni tenir la place de la justification; ces deux choses sont intimement unies comme le sont en Dieu la justice et la miséricorde; on ne saurait élever l'une sans abaisser et sans mutiler l'autre. C'est dans cette erreur qu'Hélène était tombée : son intelligence avait accepté le salut, son cœur avait senti les premiers feux de l'amour divin; mais elle n'avait eu qu'une connaissance superficielle de son péché, et sa repentance n'avait été ni profonde ni sentie. Elle se résignait, comme tant d'autres, à la dure nécessité de traîner le péché après elle, ainsi que le galérien traîne le boulet qui lui pèse et qui l'entrave, mais dont il ne doit être débarrassé qu'à la mort.

Cependant la Parole de Dieu nous parle avec force de la sainte horreur de l'Eternel pour le mal, et de la nécessité de crucifier le vieil homme pour revêtir de jour en jour l'homme nouveau.

Hélène avait vingt-trois ans quand son frère fut atteint d'une maladie dangereuse, sur l'issue de laquelle les médecins hésitèrent quelque temps à se prononcer. Elle fut aussitôt saisie d'un douloureux pressentiment : son frère n'était-il pas un soutien sur lequel s'appuyait sa faiblesse ? Le Seigneur voulait-il le lui enlever pour qu'elle ne s'attendît qu'à lui seul ?

Et cependant Hélène était chrétienne. Elle avait cru au Sauveur, heureuse de se sentir pardonnée. Son espérance reposait sur des promesses de vie éternelle, mais son intelligence surtout avait connu la vérité et accepté le salut. Il faut plus que cela : il faut qu'une vie divine, capable de nous sanctifier, soit créée dans notre âme ; il faut que la conscience reveillée ne souffre plus en nous de péché dominant. Le Seigneur est un Dieu jaloux ; son amour est fort comme la mort, et sa jalousie cruelle comme le sépulcre.

Qui aurait pu deviner que sous un calme apparent Hélène renfermait le plus opiniâtre des combats? La chair et le sang étaient déchirés ; de nouveaux murmures, pareils à ceux qu'elle avait eus jadis, s'élevaient encore de son cœur. Une voix intérieure criait au-dedans d'elle : « Tu as péché ! » Mais elle repoussait avec force cette voix importune. Que fera-t-elle quand son dernier abri lui sera ôté et qu'elle n'aura plus, comme la colombe sortie de l'arche, aucun appui solide pour y poser la plante de son pied ?

Le jeune Sauvan comprit bientôt l'état de sa sœur. Avec ce regard clairvoyant qui est particulier aux âmes déjà parvenues aux limites du monde invisible, il discerna toutes les phases de ses luttes intérieures. Un soir, Hélène, silencieuse mais agitée, était assise près du lit. Les rayons d'un soleil couchant illuminaient la chambre et venaient éclairer cette scène de douleur.

— Hélène, dit le mourant d'une voix faible, voilà le jour qui va s'éteindre pour reparaître demain plus rayonnant et plus beau.

— Ah ! dit Hélène d'un air sombre, qu'importent ces rayons brillants ; ne viennent-ils pas éclairer une terre remplie de souffrances et d'angoisse?

— Hélène, reprit son frère, pourquoi parler ainsi? La douleur ne vient-elle pas de nos fautes, et serions-nous malheureux si nous n'étions pas coupables?

La jeune fille se tut et cacha sa figure dans ses mains. Il continua :

— Pourquoi se raidir sous la verge qui nous frappe? Les coups qu'elle nous dispense servent à nous corriger. Chère sœur, poursuivit-il en lui prenant la main, le Seigneur veut que nous lui fassions nos sacrifices volontairement.

— Je ne le puis, dit Hélène avec désolation, je ne puis me soumettre à ce que *tout* me soit enlevé.

— Il le faut, dit-il d'une voix ferme, il le faut : Dieu l'exige. Comme le Sauveur, nous devons aussi porter notre croix.

Le jeune homme parla quelque temps encore, puis il retomba épuisé sur son lit. Hélène regarda son visage abattu et elle comprit que ni ses soins ni sa tendresse ne sauraient le retenir ici-bas.

Renoncer à soi-même, faire à Dieu le sacrifice de toutes choses : ces paroles résonnèrent dans l'esprit d'Hélène durant le silence de la nuit; ses yeux s'ouvrirent; son péché l'épouvanta; ne méritait-elle pas les mêmes reproches que l'Eternel adressait jadis aux Israélites idolâtres ? Que le Seigneur arrache, qu'il brise tous ses appuis, elle le veut; s'il faut tout abandonner, tout sacrifier, elle le veut encore. Christ lui suffira ; il remplira toutes les places vides de son cœur, il ouvrira son sein pour la recevoir et pour la protéger. — Oh ! qu'elle est sainte et sublime cette puissance du Saint-Esprit qui abaisse et qui soumet notre volonté, en lui faisant accepter sans murmures ce qu'elle avait jusqu'alors tant redouté !

Le seul lien qui semblait retenir

Hélène à la terre fut rompu. Ce ne fut pas sans déchirement qu'elle vit son dernier appui descendre dans la tombe; mais de son cœur brisé, il ne s'échappa aucune plainte. Elle comprit que l'Eternel dans sa sagesse avait fait cela et que tout allait bien. Si son frère eût vécu, son cœur, trop vide de l'amour du Seigneur, n'aurait-il pas mis encore la créature à la première place? Maintenant sa conscience, réveillée par de nouvelles lumières, ne pouvait supporter un interdit aussi odieux.

Ce fut une seconde phase dans sa vie chrétienne. Après avoir compris d'abord par l'intelligence ce que la Parole de Dieu nous révèle sur la culpabilité du péché et sur l'amour gratuit de Christ, elle commençait à éprouver la puissance de ces vérités dans son cœur. Sa conscience parlait, elle sentait son péché, elle éprouvait une horreur profonde pour le mal qu'elle découvrait dans sa vie journalière.

Mais ce n'était point encore là le dernier et suprême effort. Non, Hélène le sentait, ce n'était pas un amour réel pour son Dieu Sauveur qui soumettait sa volonté. Elle n'avait rien donné, rien sacrifié. Le Seigneur lui avait pris son idole; elle se résignait sans murmure à une douloureuse nécessité, voilà tout; Hélène était encore à quelque degré sous la loi. Quand son cœur brûlant d'amour apportera sur l'autel la victime chérie, alors ce cœur, centre même de sa vie, sera gagné, transformé. Maintenant que la créature lui fait défaut, que tout semble l'abandonner, qu'un désert s'est fait autour d'elle, pourquoi donc ne lève-t-elle pas les yeux vers le ciel pour demander à Dieu de combler ce vide et d'animer ce désert?.... Ah! c'est qu'elle n'est pas suffisamment détachée des choses vi-

sibles ! Qu'une créature se présente ,
et peut-être son cœur volera au-de-
vant d'elle ; il la préfèrera encore à ce
Dieu spirituel et céleste qu'elle ne voit
point et dont l'amour parfait n'est pas
apprécié parce qu'il n'est pas connu.

Ce fut vers cette époque que M. de
Meyrague fit proposer à Hélène Sauvan de venir chez lui pour faire l'éducation de sa petite-fille. La jeune orpheline accepta cette proposition avec
un mélange de peine et de plaisir.
Elle avait tellement pensé à son âme
depuis la mort de son frère qu'elle
redoutait les distractions qu'amènerait
pour elle un changement de position.
Mais d'un autre côté une carrière intéressante et utile s'ouvrait devant
elle ; que de bien elle pouvait faire
en dirigeant l'esprit de son élève vers
les choses éternelles ! Ce fut au milieu de ce conflit de sentiments qu'Hélène quitta Genève et dit adieu à la
Suisse pour longtemps.

CHAPITRE III.

— Eh bien, chère Augusta, il est temps de commencer nos leçons, dit Hélène quelques jours après son arrivée, un matin qu'elle venait de trouver Augusta dans le cabinet d'étude ; voilà un bon feu allumé, approchons ce petit bureau et j'examinerai où vous en êtes.

A l'ouïe de ces paroles inattendues, Augusta fit une petite moue, qui fut sur-le-champ réprimée par le sourire enjoué de son institutrice.

— Tenez, dit-elle en apportant une masse de papiers et de livres, voilà les anciens objets de mon ennui.

— Vraiment, Augusta, cela est-il possible? dit Hélène avec un léger accent de reproche, mais en conservant toujours le doux sourire qui lui était habituel. N'aviez-vous aucun plaisir à prendre vos leçons?

— Non, aucun, à peu près aucun, dit l'enfant avec cet air nonchalant qu'elle prenait toujours quand il était question de ses études. Je trouve plus agréable de courir et de me promener.

— Ma chère enfant, dit Hélène avec sérieux en attirant vers elle la petite fille pour imprimer sur son front un tendre baiser, croyez-vous que Dieu vous ait placée sur la terre uniquement pour vous amuser?

— Oh! non, dit-elle.

— Pourquoi donc vous aurait-il douée de mémoire et d'intelligence ? serait-ce pour enfouir ces précieux talents ? N'est-ce pas plutôt pour que vous cherchiez à les développer comme le bon et fidèle serviteur dont parle l'Evangile ?

En disant ces mots, Hélène fit asseoir son élève ; puis elle lui adressa plusieurs questions qui lui montrèrent combien l'éducation intellectuelle d'Augusta avait été négligée jusqu'alors.

Hélène ne se découragea pas ; elle forma ses plans, fixa les heures d'études et entreprit avec énergie cette œuvre qui, dès l'abord, présentait de grandes difficultés.

Elle avait puisé en Suisse l'amour de l'enseignement, qui est si général dans ce pays. De plus, interrogeant les instincts de son propre cœur, elle avait compris que Dieu, en créant la femme, lui a merveilleusement dis-

pensé les dons nécessaires pour l'éducation. De bonne heure, et lorsqu'elle
habitait encore la maison paternelle,
les ouvrages qui traitaient ce sujet
avaient fait ses délices. Maintenant
les vagues aspirations qui la poursuivaient depuis longtemps allaient prendre leur essor; un de ses plus beaux
rêves allait être réalisé ; sa vie désormais aurait un but.

Avoir un but ! ne plus vivre au jour
le jour en se demandant chaque matin : Que ferai-je aujourd'hui de mon
temps et de mes forces ? posséder une
occupation permanente qui n'exerce
pas seulement l'activité de nos mem-
bres , mais qui intéresse l'esprit et
qui remplisse le cœur , voilà ce que
nous considérons comme un grand
bienfait pour toute créature humaine,
mais surtout pour une jeune fille.

Toutes les pensées d'Hélène se por-
tèrent dès-lors vers la meilleure voie
à suivre. Elle croyait que l'éducation

consiste, non pas à charger la mémoire de l'enfant de quelques notions scientifiques, mais à conduire l'homme à sa destination et, pour cela, à donner à toutes ses facultés le plus haut degré de développement dont elles sont susceptibles (1).

Pour arriver à ce développement intellectuel et moral, quel autre mobile serait aussi puissant que les convictions religieuses ? C'est l'Evangile que nous devons mettre à la base de toutes nos œuvres. Il possède le don de réveiller les intelligences endormies, de rectifier le jugement et de gagner le cœur. Hélène pensait qu'Augusta, une fois éclairée par cette divine lumière, comprendrait bien mieux toutes choses.

Il fallut un temps assez long pour débarrasser l'esprit d'Augusta des

(1) Gauthey : *De l'éducation ou principes de pédagogie chrétienne.*

notions fausses et incertaines qu'on
lui avait inculquées ; il fallut longtemps pour lui faire saisir la vérité
de l'Evangile dans sa sublime simplicité ; mais à la fin elle comprit le
plan du salut en Christ ; la douce et
sainte figure de Jésus se grava dans
son âme et subjugua son cœur. Elle
crut à l'œuvre mystérieuse de la ré-
demption ; elle se réjouit à cette
brillante lumière qui venait de luire
dans son intelligence, et s'attacha,
avec tout l'enthousiasme de la jeunesse, à l'instrument dont le Seigneur
s'était servi pour lui faire connaître
la vérité.

Il faut l'avoir éprouvé, pour comprendre la sainte joie d'une mère ou
d'une institutrice quand elle voit que
ses enseignements trouvent un écho
dans les jeunes cœurs qui l'écoutent.
Hélène avait trouvé la solution du
grand problème de l'éducation ; elle
était sûre de l'influence qu'elle exer-

çait sur son élève ; elle tenait dans sa main le fil conducteur qu'il faut cependant diriger avec prudence, afin de ne pas le rompre. Ce fil conducteur, c'est la vérité dans sa simplicité et dans sa majestueuse grandeur, présentée par un cœur brûlant de sympathie et d'amour.

Voilà donc le vrai secret. O vous, qui enseignez la jeunesse, ne vous présentez jamais à elle l'œil sec et le cœur froid ! Il faut qu'une tendre charité vous unisse à ces jeunes créatures dont vous avez charge et les attire à vous comme par un invincible aimant. Ah ! croyez-le bien, toutes simples et tout ignorantes qu'elles sont, elles reconnaîtront bien vite si l'intérêt que vous leur portez est faux ou sincère, si votre amour est véritable ou s'il n'est qu'emprunté.

Mais qu'on nous comprenne bien ; par le mot d'amour, nous n'entendons pas cette indulgence sans énergie de tant de mères, qui fait le malheur de l'enfant et qui, sous des dehors trompeurs, n'est qu'une coupable faiblesse; non, nous voulons que l'amour maternel soit un reflet de celui du Seigneur, qui l'a souvent pris pour image du sien; un amour tendre mais austère, un amour qui encourage et qui châtie; un amour à toute épreuve, comme celui du Père céleste qui poursuit avec patience et sans relâche l'œuvre commencée dans le cœur trop souvent rebelle de ses enfants.

Une tendre sympathie se développa donc entre les deux jeunes filles, qui l'une et l'autre avaient connu par expérience les souffrances de l'isolement. Mais une différence marquée se manifesta dans leur affection. Celle d'Augusta avait un caractère de naïveté et d'abandon qui rappelait le lierre dont les rameaux flexibles entourent le tronc qui le supporte.

tandis que celle d'Hélène était forte ,
sérieuse et clairvoyante ; c'était presque l'amour d'une mère qui, préci-
sément parce qu'elle aime sa fille ,
sent le besoin de la reprendre. Hélène avait compris que l'amour paternel de Dieu pour ses créatures
doit être le modèle du nôtre , et elle
avait demandé au Seigneur de purifier le sien et de le rendre aussi parfait que possible.

Sa prière fut exaucée ; l'égoïsme
et la faiblesse semblaient n'avoir
aucune part dans l'affection qu'Hélène éprouvait pour Augusta. Son
cœur était déchiré quand il fallait
la reprendre, mais elle aimait mieux
souffrir et faire souffrir l'enfant que
de laisser se développer en elle le
moindre défaut.

L'idéal de son élève était constam-
ment devant ses yeux. Elle se la représentait dans l'éclat de la jeunesse,
ornée de tous les dons de l'esprit et

du cœur ; et pareille à cet artiste cé-
lèbre de l'antiquité qui gardait dans
le secret de sa maison une statue à
laquelle il donnait tous les jours un
coup de ciseau pour la rendre conforme au parfait modèle qu'il avait
dans son âme, Mlle Sauvan travaillait
sans relâche à réaliser son idéal chez
Augusta. On l'a dit : *L'éducation doit
mettre au jour l'idéal de l'individu* (1).
Chercher quelle a été la pensée de
Dieu en donnant la vie à sa créature
et rendre l'homme aussi semblable
que possible à ce type parfait, telle
doit être la sainte ambition de l'instituteur.

Hélène avait compris la beauté et
la grandeur de sa tâche ; elle reconnaissait que cette jeune fille, confiée
à ses soins par le Seigneur, était un
joyau de grand prix qu'il fallait polir
et façonner, une âme immortelle des-

(1) J. P. Richter.

tinée au plus glorieux avenir qu'il fallait préparer à sa céleste vocation. Aussi de quel saint respect n'était-elle pas pénétrée en présence de ce vase précieux qui ne lui appartenait pas ? Quel soin délicat elle apportait pour reprendre, pour corriger, pour encourager ce jeune cœur ! Ce n'était pas trop de toute sa tendresse ; ne fallait-il pas mettre un peu de miel sur les bords de la coupe amère qu'elle lui faisait boire parfois ?

Vérité et charité, double essence de notre Dieu, nous ne voulons point vous séparer, vous qu'il a unies dès l'éternité et qui devez rester unies à toujours ! Nous savons que vous ne sauriez exister l'une sans l'autre et que nous ne pourrions vivre si l'une de vous cessait de subsister. Quand le Seigneur nous voile son amour, sa sévérité nous désespère, sa justice nous écrase : misérables vers de terre, nous n'avons qu'à rentrer dans le néant. Mais si, n'écoutant que sa miséricorde, il cesse de nous reprendre, alors nous fermons les yeux sur nos péchés, nous oublions notre culpabilité, et nous sommes livrés sans défense à toutes les séductions de notre orgueil.

CHAPITRE IV.

La religion est l'aromate qui empêche la science de se corrompre.

BACON.

Préparer l'enfant aux luttes et aux combats de la vie par une éducation chrétienne, tel sera le but d'Hélène. Il faut que l'Evangile soit mis à la base de toutes choses ; sans lui nous ne donnons à nos enfants que des idées incomplètes qui ne peuvent ni régénérer le cœur, ni communiquer la vie. Le monde est une énigme pour celui que le Soleil de justice n'a pas éclairé de ses rayons ; la religion seule nous découvre le vrai secret de la vie et de l'éternité, seule elle nous donne le courage de supporter la première et de nous préparer à la seconde.

Les longues années, pendant lesquelles la jeune orpheline avait été près de succomber sous le poids de ses malheurs, lui avaient appris tout ce que l'âme souffre loin de Dieu ; aussi chercha-t-elle de tout son pouvoir à faire pénétrer la connaissance du salut dans le cœur d'Augusta, et à la préparer, par une éducation religieuse et pleine d'énergie, à surmonter les obstacles et à vaincre les tentations.

Mais, chose étrange ! à mesure qu'Hélène reprenait l'enfant sur quelque fausse tendance de sa nature, elle retrouvait au-dedans d'elle le même défaut qui, jusqu'alors, était resté voilé à ses yeux ; en sorte qu'elle fut la première à profiter de cette éducation, entreprise seulement en vue d'Augusta ; les imperfections de cette dernière devinrent comme un miroir où elle put voir les siennes plus distinctement.

Hélène, novice encore dans cette tâche difficile, dut souvent changer de méthode et refaire l'ouvrage commencé ; mais grâce à cet instinct secret, que Dieu a placé dans le cœur de la femme, elle parvenait à se frayer un chemin au milieu des difficultés qui l'entouraient. Puis, le soir, avec quel empressement allait-elle retremper ses forces dans le recueillement, et chercher auprès du Seigneur de nouvelles inspirations pour le lendemain ! Sans la prière, Hélène sentait qu'elle aurait succombé, ou que du moins son esprit se serait desséché dans l'aride monotonie de sa tâche. Plus que personne, en effet, l'instituteur qui comprend la sainteté de sa mission, doit rechercher le secours de

Dieu ; comme le poëte, « il doit vivre près du ciel » s'il veut attirer en haut les âmes retenues captives dans les liens de la matière.

Ah ! nous ne savons pas toutes les impressions vagues mais délicieuses qui s'éveillent chez l'enfant, lorsque une voix amie et sympathique l'initie pour ainsi dire au monde spirituel, et s'appuyant sur la Parole inspirée, lui parle des réalités invisibles, des merveilles de la grâce, de Jésus et de son amour !

C'est là ce que faisait journellement Hélène pour la jeune âme d'Augusta, qui, jusqu'alors insouciante et vaine, n'avait pu s'élever au-dessus de la terre et se préparer pour le vrai but de la vie, l'éternité. Aussi une grande transformation s'accomplissait-elle chez cette enfant ; son imagination s'attachait aux récits émouvants que son institutrice puisait dans la Bible ; les scènes de l'Evangile, si pleines d'intérêt et de vie, la puissance mystérieuse de Jésus, l'ami des pécheurs, sa vie pure et sainte, sa mort ignominieuse, tout cela élevait le cœur de l'enfant jusqu'à Celui qui est à la fois le Fils de Dieu et le Fils de l'homme. D'un autre côté, l'histoire simple et intéressante des patriarches, la description de la terre de Canaan promise au peuple juif si longtemps à l'avance, la vie de ces hommes pieux qui vécurent en communication avec le ciel, saisissaient son cœur et fournissaient un aliment salutaire à ses dispositions méditatives. Qu'ils lui paraissaient fades maintenant, à côté de ces récits touchants et vrais, les contes fantastiques dont on avait jadis bercé son enfance, et qui l'avaient attendrie sur des malheurs et sur des prospérités purement imaginaires !

Si la religion doit être la pierre fondamentale de toute éducation, elle doit l'être aussi de toute instruction.

Il est essentiel, selon nous, de faire précéder l'étude de l'histoire profane de celle de l'histoire sainte. Une fois cette première base établie, une fois que l'enfant, nourri dans la vérité, a vu comment le Seigneur agit envers le peuple juif, et comment il se sert des autres nations pour le châtier quand il s'est montré rebelle, cet enfant ne considère dès-lors les grands conquérants qui se sont succédé sur les trônes du monde, que comme des instruments que l'Eternel emploie, mais qu'il brise plus tard, pour les punir de leur orgueil. Son imagination, loin d'être éblouie par la vaine gloire du monde, juge les évènements à la lumière de la vérité; il comprend alors le sens profond de cette parole de l'Ecriture : *Ce qui est élevé devant les hommes est en abomination devant Dieu.*

Afin de lui donner des idées plus claires et plus distinctes sur la succes-

sion des empires et sur leur rapport
avec l'histoire sainte, Hélène fit étu-
dier avec beaucoup de soin à Augusta
le chapitre II du prophète Daniel, où
est contenue la description de la statue
vue en songe par le roi Nébucadnet-
zar. Cette statue, on le sait, repré-
sente les quatre grands empires qui,
sous des formes diverses, ont tous
persécuté le peuple de Dieu, ont do-
miné la terre et l'ont abreuvée de
sang. Elle sera un jour renversée
*par une pierre lancée sans main de
la montagne,* c'est-à-dire par le Fils
de Dieu, aux pieds duquel elle tom-
bera. Alors la prophétie sera accom-
plie ; toutes les abominations qui ont
souillé la terre sous le règne de la
statue prendront fin, et le Souverain
règnera aux siècles des siècles au-dessus de tous ses ennemis.

Après avoir entretenu Augusta de
ces grandes choses et l'avoir con-
trainte quelque temps à une attention

soutenue, Hélène pensait que la récréation et le repos lui étaient nécessaires. De même que la corde de l'arc vient à se rompre quand elle est trop tendue, de même les facultés intellectuelles risquent de s'altérer, si l'on exige d'elles trop d'efforts. L'air et l'exercice sont indispensables pour fortifier la santé et pour reposer l'intelligence de l'enfant. Les longues courses en plein champ développent et agrandissent la sphère de son imagination ; il semble que toutes ses facultés se dilatent, s'élargissent devant l'imposant spectacle des œuvres de Dieu. A la vue de l'immensité des cieux, l'infini se révèle à sa jeune âme, et tous les bruits de la terre, si pleins de charmes et d'harmonie, en montant vers l'Eternel comme pour lui rendre hommage, l'entraînent avec eux vers les régions éthérées. C'est au milieu de ces beautés de la nature que l'enfant est surtout accessible aux émotions religieuses ; il en revient presque toujours avec des sentiments plus élevés ; des voix mystérieuses et célestes lui ont révélé la majesté du Créateur, et lui ont fait comprendre sa propre petitesse et son néant.

Hélène choisissait de préférence les heures de la promenade pour l'étude des sciences naturelles. Les descriptions d'animaux et de plantes intéressaient vivement Augusta. Elles étudiaient ensemble avec soin les petits insectes qu'elles rencontraient sur leur route et qui, vus au microscope, leur paraissaient brillants de rubis et d'émeraude. Jamais elles ne rentraient au château sans rapporter une moisson de feuilles et de fleurs, qu'elles avaient cueillies pour les examiner à l'aise. Dans tous ces phénomènes du monde physique, Hélène, persuadée que le Seigneur n'a placé tant de choses merveilleuses sous nos yeux que pour nous servir d'emblèmes, puisait des comparaisons pour mieux faire comprendre à Augusta les mystères du monde spirituel et céleste. L'étude des divers bouleversements de notre globe amenait sa jeune élève à comparer les découvertes des savants avec le récit de Moïse, qui s'y trouve parfaitement conforme, tandis que celle de l'astronomie élevait son cœur vers cet infini que nous ne faisons que pressentir sans pouvoir jamais le comprendre.

Les jours et les mois se passaient ainsi au milieu de ces études intéressantes. Hélène, heureuse de ses succès, s'attachait toujours plus à son élève et à sa belle mission.

CHAPITRE V.

Le Seigneur n'est point dans l'agitation.

FÉNÉLON.

L'hiver avait fui. Le printemps embellissait de ses charmes la nature renouvelée; la terre, longtemps durcie par les grands vents, s'amollissait peu à peu sous l'action bienfaisante de la pluie et de la rosée; elle entr'ouvrait son sein pour laisser échapper mille petites plantes, dont le germe avait dormi durant les rigueurs de l'hiver. D'où vient que cette saison est saluée avec tant de délices par toutes les créatures? Pourquoi ce sentiment intime de bonheur à l'aspect de la verdure qui renaît? — C'est que le printemps est la saison de l'espérance; le bouton qui vient de naître deviendra bientôt une fleur. La nature qui sort toute riante de cette nature morte et desséchée, nous est à la fois un emblème et un garant de la résurrection.

Voilà ce que disaient à Hélène Sauvan les arbres et les bosquets revêtus d'un nouveau feuillage; voilà les sentiments qui remplissaient son cœur d'émotion à la vue des champs et des prairies tapissés d'une herbe tendre et illuminés par un beau soleil de mai.

Elle se rappelait alors les objets de ses plus vives affections, ensevelis dans le froid sépulcre, et il lui semblait qu'une voix venant du ciel lui disait, comme jadis le Seigneur à son prophète : *Je vais faire entrer l'esprit en eux et ils revivront* (Ezéch., XXXVII, 5).

La tranquillité qui régnait au château de Meyrargue avait exercé une heureuse influence sur Hélène. L'agitation de son esprit avait fait place à une paix pleine de douceur, et la présence du Seigneur lui était souvent rendue sensible pendant ses heures de méditation.

Mais vers le milieu de l'été, la jeune fille reçut de la Suisse des lettres qui la troublèrent. Un ancien créancier de son père réclamait le paiement d'une somme assez considérable, qu'elle savait cependant lui avoir été comptée. Il lui fallut chercher au fond de ses tiroirs des papiers qu'elle n'avait jamais regardés, et dont la vue seule lui inspirait un profond dégoût. Comme elle n'entendait rien aux affaires de ce genre, elle écrivit à ses amis de la Suisse pour leur demander des directions et craignit même, pendant quelque temps, qu'un voyage dans sa patrie ne fût indispensable pour terminer ces arrangements. En proie à des préoccupations aussi antipathiques à sa nature, Hélène devint abattue et découragée, et naturellement elle apportait à la salle d'étude un visage distrait et soucieux. Bientôt la gêne et la froideur remplacèrent l'abandon qui avait régné entre elle et Augusta. Celle-ci n'écoutait qu'avec fatigue et avec ennui les paroles de son institutrice ; son intelligence, jadis si prompte, paraissait endormie. L'une et l'autre traversaient un de ces temps de crise où l'on perd toute énergie, où la matière paralyse l'esprit et lui ôte toute force pour se mouvoir.

Un jour qu'Hélène avait été plus absorbée que jamais par ses soucis terrestres et que, de son côté, Augusta avait paru plus négligente qu'à l'ordinaire, Mlle Sauvan s'assit dans son cabinet de travail, près de la porte entr'ouverte qui donnait sur la terrasse. Elle s'y livrait à de pénibles pensées sur sa situation et sur le résultat de cette éducation commencée avec tant d'espérance, quand on lui annonça la visite de M. Sarrazin, le pasteur du petit village que dominait le château.

C'était un vieillard de soixante et dix ans, natif de ce même village où il voulait finir ses jours. Il s'était longtemps occupé d'éducation et avait même dirigé, pendant plusieurs années, un institut fort renommé. Hélène avait eu souvent recours à lui dans les premiers temps de son séjour au château, heureuse de rencontrer un ami chrétien qui pût la diriger dans les circonstances difficiles. Ce jour-là, M. Sarrazin lui apportait un livre qu'elle avait demandé.

— Bonjour, ma chère demoiselle,

dit-il en lui tendant la main, voilà longtemps que je n'ai eu le plaisir de vous voir.

Un sourire mélancolique parut sur les lèvres de l'institutrice comme elle lui souhaita la bienvenue, mais ce sourire fut suivi d'un soupir.

— Eh bien! qu'est-ce donc? demanda le pasteur avec bonté, en s'asseyant à côté d'elle. Avez-vous quelque sujet de chagrin, ou bien votre tâche vous semble-t-elle maintenant au-dessus de vos forces?

— L'une et l'autre de vos conjectures sont vraies, monsieur, dit Hélène en soupirant de nouveau. Elle lui ouvrit alors son cœur, lui raconta l'inquiétude et les ennuis qu'elle éprouvait depuis plusieurs semaines, et termina enfin par quelques mots relatifs à Augusta, « qui semblait avoir perdu, disait-elle, tout entrain, toute ardeur au travail. »

Le pasteur garda le silence.

— Je ne la reconnais plus, continua la jeune fille , elle a complètement changé. Les leçons qu'elle prenait autrefois avec tant de plaisir, maintenant semblent lui être à charge.

M. Sarrazin avait écouté attentivement le récit de la jeune fille. Ses yeux baissés et son air sérieux frappèrent Hélène, qui, tout intimidée, attendit en silence sa réponse.

Il se leva enfin, ouvrit la porte de la terrasse, et, prenant la main d'Hélène :

— Venez, dit-il.

Saisie d'étonnement, mais n'osant l'interroger, Hélène le suivit jusqu'à l'extrémité de la terrasse. Le vieillard s'arrêta, et de son doigt montrant l'étang :

— Regardez! lui dit-il d'un ton solennel.

L'étang, calme et limpide, s'étendait devant eux. Pas le moindre souffle ne venait en rider la surface, dont la transparence et la pureté réfléchissaient la voute azurée. C'était presque à s'y méprendre : la nappe d'eau ressemblait à un autre ciel.

Ce spectacle paisible et majestueux saisit Hélène; mais ne comprenant point ce qu'il avait de commun avec sa situation, elle leva timidement les yeux vers M. Sarrazin comme pour l'interroger.

— Il faut que le cœur d'une mère, que le cœur d'une institutrice, reflète le ciel, dit enfin le pasteur. Voyez : les cieux se mirent dans les eaux claires et pures; mais que le vent s'élève et agite les ondes, cette surface paisible sera bouleversée et perdra toute sa transparence.

Hélène baissa la tête. Elle venait de comprendre la solution de l'énigme qu'elle avait cherché vainement à résoudre.

— Vous me parlez de la négligence

de votre élève, continua le pasteur, mais comment en serait-il autrement? Pouvez-vous attirer son attention aussi longtemps que votre esprit est tourmenté par des pensées étrangères? La voix de Dieu ne se fait point entendre au milieu des tonnerres ni au sein de la tempête, mais elle est accompagnée d'un vent doux et subtil. Croyez-moi, ma jeune amie, poursuivit le vieillard; mettez de côté tous les soucis temporels qui vous troublent; quand vous entrez dans la salle d'étude, que votre front soit serein, qu'il soit aussi pur que ces eaux, et alors, soyez-en sûre, votre voix, votre physionomie, vos paroles, tranquilles comme le ciel, se réfléchiront dans l'âme de votre élève.

Oui, le calme, la paix du cœur : voilà le grand secret de tous ceux qui élèvent la jeunesse. O vous qui lisez ces lignes, mères et institutrices, que la salle d'étude soit pour vous un

sanctuaire où ne pénètre jamais nulle
pensée d'agitation ; laissez à la porte
vos soucis importuns, vos préoccupations terrestres. Que vos élèves, en
se groupant autour de vous, soient
sûrs de rencontrer votre regard libre
de toute inquiétude étrangère. Vous
serez alors tout entières à votre œuvre ; les enfants le comprendront et
seront aussi tout entiers à la leur ;
car, ne l'oubliez pas, leur âme se
moule et se réfléchit dans la vôtre.

— Oui, reprit Hélène après quelques moments de silence, oui, monsieur, vous avez dit vrai ; je reconnais
ma faute et je suis seule à blâmer,
car il est évident qu'Augusta ne peut
apporter de l'intérêt dans ses études,
me voyant distraite et préoccupée.
Mais il n'est pas moins certain que
je ne saurais me délivrer aussi facilement que vous semblez le croire
des soucis qui me poursuivent. Qui
se charge de veiller à mes affaires

personnelles? Ne suis-je pas seule, seule au monde?....

Et la jeune orpheline laissa échapper quelques larmes.

— *Déchargez-vous sur Dieu de tout ce qui peut vous inquiéter, parce que lui-même a soin de vous,* lui répondit M. Sarrazin, d'un ton affectueux. Ma chère amie, c'est le seul refuge qui vous reste, mais c'est un refuge assuré et qui ne fait jamais défaut. Pour que vous puissiez continuer votre œuvre avec succès, il faut que vous abandonniez au Seigneur jusqu'à vos moindres sujets de crainte. Il étendra sa main au moment de l'adversité et fera luire à vos yeux la délivrance.

— Ah! dit Hélène les yeux pleins de larmes, tous les appuis terrestres me manquent; mais qu'il est difficile de ne compter que sur le Seigneur! Il semble que l'on est suspendu au-dessus d'un abîme qui va vous engloutir....

— Et l'on oublie qu'une main invisible à nos regards incrédules nous retient au-dessus de ce gouffre, ajouta le pasteur. Ma chère Hélène, admirez la sagesse de Dieu qui vous oblige, par les exigences mêmes de votre vocation, à vous décharger sur lui de votre fardeau. Si vous ne le faites point, votre œuvre en souffrira, et le Seigneur vous demandera compte de l'âme précieuse qu'il vous a confiée.

Les remercîments qu'Hélène adressa à M. Sarrazin pour ses bons avis furent profonds et sincères. Il venait de poser le doigt sur sa plaie et elle voulait en guérir à tout prix.

Restée seule, elle réfléchit aux paroles du pasteur, et tandis que la nuit étendait ses ombres sur la nature, elle contempla longtemps encore la surface paisible de l'étang qui, à cette heure, réfléchissait des milliers d'étoiles dans son sein.

« O mon Dieu ! disait-elle, sois vé-

ritablement le père des orphelins!
sois *mon* Père! Je suis seule et sans
appui, mais tu peux te charger de ma
cause et plaider en ma faveur. C'est
sur toi que je veux déposer toutes
mes peines et tous mes fardeaux. »

Ses supplications furent entendues.
Le calme revint dans son cœur, et
une paix divine succéda à l'agitation
des dernières semaines. Sûre désormais de l'assistance du Seigneur, elle
détourna son esprit des choses temporelles qui l'avaient rempli si longtemps,
et ne s'occupa plus que de l'éducation
d'Augusta. Bientôt la vivacité, l'entrain et le plaisir qu'Hélène apportait
à ses leçons se communiquèrent à sa
jeune élève, qui, frappée du changement survenu chez son institutrice,
n'eut pas conscience de celui qui avait
eu lieu chez elle et se remit à l'étude
avec une nouvelle ardeur. C'est ainsi
que l'esprit de l'enfant se calquait
trait pour trait sur celui d'Hélène.

Aussi avec quel soin minutieux Mlle Sauvan s'examina-t-elle quand elle eut reconnu cette vérité! Elle se sentait coupable des moindres négligences d'Augusta et s'en accusait la première. Mais aussi quelle ne fut pas sa joie et que de grâce ne rendit-elle pas au Seigneur quand elle vit que son goût pour l'étude, cette soif d'apprendre qui l'animait elle-même, se communiquait comme par un fluide magnétique à sa jeune élève, et lui donnait le courage de surmonter les obstacles et les difficultés!

CHAPITRE VI.

Les derniers beaux jours d'automne
invitaient Hélène et Augusta à la promenade; elles faisaient de longues
courses dans les environs, quelque-
fois accompagnées de M. de Meyrargue. La nature, dans cette saison,
possède un charme doux et triste; on
regrette la brillante splendeur qu'elle
va perdre et l'on se hâte de jouir de
ce qui en reste, semblable à un ami
qui ne peut se résoudre à quitter le

chevet de l'ami que la mort va lui ravir.

Un jour, les deux jeunes filles étaient tout particulièrement sous l'impression de sentiments de cette nature. Chaque feuille qui se détachait de la branche, pour se mêler à celles qui jonchaient le sol, leur faisait éprouver un frémissement involontaire. Il semblait que la mort étendait de plus en plus le cercle de ses victimes, et qu'elle ne serait satisfaite qu'au moment où elle aurait imprimé son sceau sur la nature entière.

Hélène et Augusta suivaient péniblement un sentier montueux qui devait les conduire jusqu'au sommet d'une colline, où se trouvaient les ruines d'un antique château. Elles avaient déjà parcouru la moitié du chemin, quand elles recontrèrent M. Sarrazin qui arrivait par une autre direction.

— Vous ici, M. Sarrazin ! s'écria

Hélène en s'élançant à sa rencontre ; quoi ! vous n'avez pas craint de vous engager dans ce sentier si escarpé ?

— Non, chère amie ; j'ai voulu, pour la dernière fois peut-être, contempler de ces hauteurs le coucher du soleil. Et vous, mon enfant, ajouta le vieillard en prenant la main d'Augusta dans la sienne, tandis que de l'autre il s'appuyait sur sa canne, voulez-vous me servir de guide ?

— Oui, monsieur, dit joyeusement Augusta ; appuyez-vous sur moi sans crainte.

C'était un joli spectacle de les voir marcher ainsi la main dans la main : le vieillard, avec ses rides profondes et sa belle chevelure blanche, parvenu au terme de sa course, après avoir traversé, sans murmurer et sans faiblir, les épreuves d'une longue vie ; la jeune fille, à l'entrée de la vie, incertaine de sa destinée, ignorant les périls qui pourraient l'attendre et se livrant à une gaîté enfantine. Tous les deux étaient également heureux; mais le bonheur du vieillard était plus vrai et plus solide, parce qu'il avait survécu aux orages, tandis que celui de la jeune fille ne reposait que sur de vagues espérances. — Hélène les suivait en silence; elle réfléchissait à sa vie passée, dont les dernières années n'avaient été qu'une ascension pénible, et se demandait si cette ascension était enfin terminée ou si le sommet de la montagne n'avait pas encore paru à ses regards.

Le chemin devenait de plus en plus difficile; les pierres, les ronces et les épines couvraient le sol, tellement qu'après avoir promis d'être le soutien de M. Sarrazin, Augusta eut besoin du secours de son bras pour ne pas broncher.

— Courage, courage, mon enfant, disait le pasteur; il faut apprendre à marcher sans crainte au milieu des ronces; il est probable que plus tard vous en rencontrerez de plus épineuses que celles-ci.

— Et comment donc seront-elles, monsieur? demanda la petite fille; car dans sa simplicité elle ignorait de quelles ronces il voulait parler.

— Ma chère enfant, répondit-il, notre vie est semblable à un chemin d'abord uni et facile, couvert de fleurs et d'herbes tendres; mais à mesure que nous avançons, les fleurs se flétrissent, les herbes se fanent et les épines paraissent. On voudrait retourner en arrière, revenir à la jeunesse; mais il faut avancer, avancer toujours, au milieu d'épreuves et de tentations sans nombre.

— S'il en est ainsi, répondit l'enfant, je ne voudrais pas vieillir.

— Vous devriez, au contraire, le désirer, reprit le pasteur; car si nous savons accepter nos épreuves, elles

nous apprennent de grandes leçons
et nous font faire des progrès dans la
sanctification ; mais pour cela il faut
marcher avec confiance, nous attendant à celui qui peut seul nous donner la force d'avancer. Et lorsque,
conduits ainsi par le Seigneur, nous
arriverons au terme de la carrière,
alors nous verrons des choses vraiment merveilleuses.

Pendant que le vénérable vieillard
parlait ainsi, Hélène se demandait si,
au lieu d'avancer courageusement
dans la route étroite qui mène à la
vie, elle ne s'amusait pas à cueillir
quelques-unes des fleurs qui crois-
sent sur le bord. Un instinct secret
l'avertissait que ses regards s'étaient
détournés de Christ pour se fixer sur
l'œuvre qu'elle avait entreprise et qui
absorbait trop ses pensées. N'était-ce
pas la cause de la langueur spirituelle
qui l'oppressait depuis quelque temps?

Nos trois promeneurs parvinrent

enfin au sommet de la colline. Le château avec ses tours démolies, ses murailles renversées, s'offrit à eux, semblable à ces chênes séculaires qui ont vu naître, s'agiter et mourir des générations successives.

La vue de ces ruines faisait mal : on y sentait la malédiction du péché, qui vient détruire une à une les œuvres de l'homme comme celles de Dieu. Hélène, épuisée de lassitude, s'assit sur un bloc de pierre à côté du vieillard.

— Savez-vous, dit ce dernier, que ces lieux me rappellent mille souvenirs de ma jeunesse chers à mon cœur? C'est là, au milieu de ces ruines, en face de cette belle nature qui s'étend devant nous, que je venais passer de longues heures à méditer. J'y venais avec ma Bible et j'étudiais de préférence les livres prophétiques. L'avenir promis à l'Eglise enflammait d'enthousiasme mon jeune cœur, et mon imagination exaltée entrevoyait déjà le règne glorieux de Christ. Il me semblait que ce que je souhaitais si ardemment allait enfin se réaliser, que nous touchions à l'accomplissement des temps, et j'espérais voir de mes yeux la délivrance d'Israël.

— Eh bien! demanda Hélène, pourquoi le Seigneur retarde-t-il la réalisation de ses promesses?

Comme elle achevait ces mots, un cri de terreur poussé par Augusta les fit tressaillir. Ils se levèrent vivement pour aller à sa rencontre.

— Venez! s'écria l'enfant en courant vers eux.

Ils la suivirent au milieu d'un taillis épais, derrière le château; et là, au pied d'un arbre, ils virent un objet bien propre à émouvoir le cœur : c'était le cadavre d'un agneau à moitié dévoré par les loups.

— Oh! pauvre et innocent animal! s'écria Hélène en joignant les mains.

Hélas ! pourquoi faut-il que notre terre soit toujours abreuvée de sang ? Comment tant d'injustices et de cruautés qui la souillent journellement ne crient-elles pas vengeance au Seigneur ?

Les larmes d'Augusta coulaient en abondance. Cet agneau sanglant lui rappelait l'Agneau sans défaut et sans tache que nos péchés ont cloué sur un bois maudit.

— Dites-moi, je vous prie, monsieur, s'écria-t-elle enfin quand ils furent revenus à leur première place au milieu des ruines, dites-moi pourquoi Dieu permet que de si terribles choses arrivent? Pourquoi les ronces qui couvrent les sentiers? pourquoi les orages qui détruisent l'espérance du laboureur? pourquoi les animaux malfaisants qui se plaisent à détruire?

— Chère enfant, dit le vieillard, qui jusque-là avait gardé le silence, vous avez raison de demander le motif des maux qui affligent notre terre. Quand l'Eternel eut créé le monde, qu'il eut fait l'homme à son image et à sa ressemblance, et qu'il l'eut placé dans le jardin d'Eden, toutes ces tristes choses n'existaient pas. Il n'y avait alors ni orage, ni tempête ; les fleuves poursuivaient paisiblement leur cours sans jamais tarir, sans jamais inonder les campagnes ; les bêtes des champs vivaient en paix les unes avec les autres, et la mort, ce roi des épouvantements, n'avait pas posé le pied sur cette terre bénie. Tout ce que Dieu avait fait était *bon*. Des mains d'un Créateur saint et parfait, il ne pouvait sortir qu'une œuvre pleine de beauté et d'harmonie. Adam et Eve, unis dans une même pensée, régnaient en souverains sur la nature et consacraient à Dieu la vie que Dieu leur avait donnée. Ils ignoraient le mal, et, avec l'innocence, ils possédaient le parfait bonheur.

Les deux jeunes filles s'étaient rapprochées de M. Sarrazin. Cette description simple et touchante d'Eden avait réveillé chez elles l'idéal vers lequel aspirent nos cœurs et que l'homme n'a plus retrouvé depuis sa chute.

— Bientôt Eve succombe à la tentation, continua le pasteur ; elle entraîne son mari. A peine le péché est-il consommé que l'Eternel, dont les yeux sont trop purs pour voir le mal, maudit ses créatures et les condamne à la souffrance et à la mort.

— Ainsi, dit Augusta, toutes les misères de la vie ne sont que la conséquence du péché ?

— Oui, ma chère enfant ; si nous n'étions point coupables, le Seigneur n'aurait pas besoin de nous châtier ; mais, hélas ! nous sommes tous pécheurs et par nature sous le poids de la malédiction.

— Et cette malédiction, dit Hélène,

comme elle nous entoure de toutes parts! Les crimes et les injustices des hommes, les guerres qui désolent le monde, les misères de tous genres, les pestes, les famines, et par-dessus tout la mort, si terrible pour la plupart; ah! ne sont-ce pas là autant de jugements du Dieu qui ne tient point le coupable pour innocent?

— Ce n'est pas tout encore, dit le vieillard. Pour montrer la haine que lui inspire le mal, l'Eternel étend sa malédiction jusqu'à la terre en disant: *Elle te produira des épines et des chardons.* Depuis lors, l'homme a dû manger son pain à la sueur de son front et remuer les entrailles d'une terre maudite pour y chercher sa subsistance. Les animaux, soumis jadis à son empire, sont devenus sauvages et féroces; méconnaissant l'ancienne royauté de l'homme, ils se tournent contre lui. La création tout entière semble se lever pour accuser l'auteur de sa misére et lui rappeler sans cesse son péché.

— Oh! s'écria Augusta, qu'il est triste de penser que nous sommes ainsi sous le poids de la colère de Dieu! Dans tout ce qui nous entoure, dans toutes les douleurs de l'humanité, nous ne voyons donc que le châtiment qui pèse sur nous!

— Mais nous avons aussi une espérance, se hâta d'ajouter le pasteur; dès que Dieu eut maudit l'homme, il lui promit un Sauveur. L'homme est déchu, il est tombé et il a entraîné la création avec lui, mais le Fils de Dieu doit être le réparateur des brèches. Il est le relèvement et la vie; il a paru pour détruire les œuvres de Satan. Or, les œuvres de Satan, c'est le péché et la malédiction qui en est la suite. Jésus-Christ est venu une première fois pour porter la peine de nos fautes; l'innocent, le juste a été frappé pour les coupables; il est né dans l'obscurité, dans l'abaissement, et les Juifs, qui attendaient un Messie glorieux, l'ont rejeté et l'ont fait périr. Sur la croix du Calvaire, le Sauveur des hommes, le Fils de Dieu s'est élevé; il a courbé la tête, accablé sous la malédiction qui pèse sur l'humanité tout entière et qu'il a voulu porter lui seul.....

— Mais, objecta Augusta, vous dites qu'il est venu détruire la malédiction, et cependant je vois qu'elle nous environne de toutes parts.

— Ma chère enfant, dit M. Sarrazin, le but du Sauveur en mourant sur la croix n'a point été de détruire immédiatement les conséquences du péché, mais le péché lui-même. Aussi dans le Nouveau-Testament ou nouvelle alliance, il n'est plus question de promesses temporelles, mais seulement de bénédictions spirituelles. Le Seigneur nous a ouvert un chemin; ce chemin est celui de la croix;

il veut que nous y marchions et que
nous allions crucifier sur cette croix
les passions et les convoitises de nos
cœurs. C'est ainsi qu'il a tracé à son
Eglise un douloureux sentier qu'elle
doit suivre ; il ne lui a épargné ni les
persécutions, ni les opprobres, ni les
douleurs de toute espèce : nouvelle
Rachel, elle a eu souvent à pleurer sur
les enfants qu'on lui ravissait pour les
mettre à mort. Mais le Seigneur a sanctifié la coupe d'amertume avant de la
donner à boire à ses élus; la souffrance
devient une bénédiction pour l'Eglise
opprimée, en ce qu'elle lui apprend
à se détacher de tout pour aimer
d'autant mieux son divin Maître. Lorsque l'Eglise aura parcouru tous les
détours du chemin douloureux de la
croix, où elle est soutenue, non par
les joies et par les biens de ce monde,
mais par la paix céleste que le Seigneur dispense à ses enfants ; lorsqu'elle sera parvenue à ce Calvaire

spirituel où elle doit déposer, avec ses larmes, le fardeau de ses péchés et faire le sacrifice de toutes choses, alors Jésus reviendra une seconde fois pour s'unir à son Eglise qui sera prête à le recevoir. Il reviendra, non dans l'humiliation comme la première fois, mais dans la gloire, entouré de ses saints, accompagné de ses anges; il viendra pour mettre le sceau à son œuvre, pour réparer le mal, effacer les conséquences du péché, détruire la mort elle-même, rétablir dans sa première splendeur la création qui souffre et qui soupire, et enfin, lorsque le monde visible aura cessé d'exister, il régnera aux siècles des siècles dans le ciel avec ses élus.

Le pasteur se tut; les deux jeunes filles, émues jusqu'aux larmes, levèrent les yeux comme pour demander au Seigneur de hâter ces temps glorieux. Le soleil, environné de nuages dorés, descendait rapidement vers l'horizon et jetait des flots de lumière sur le magnifique paysage qui se déroulait au loin. Ces richesses et ces beautés, répandues à profusion, leur paraissaient comme une pâle image de l'éclat mille fois plus resplendissant dont le ciel sera un jour revêtu.

Augusta fut la première à rompre le silence.

— Ainsi, dit-elle, l'œuvre finale de Christ sera de détruire les conséquences du péché et de remettre toutes choses telles qu'elles étaient avant la chute ?

— C'est ce que nous dit le Seigneur par la bouche d'Esaïe, répondit le pasteur. Puis, prenant une petite Bible de sa poche, il la feuilleta un moment et lut ces paroles :

Car l'Eternel consolera Sion, il la consolera de toutes ses ruines, et il rendra son désert semblable à Héden et sa solitude au jardin de l'Eternel (Esaïe, LI, 3).

*Le désert et le lieu aride se réjoui-
ront, et la solitude sera dans l'allé-
gresse et fleurira comme une rose*
(XXXV, 10).

*Au lieu du buisson croîtra le sapin,
et au lieu de l'épine croîtra le myrte,
et cela rendra glorieux le nom de
l'Eternel et sera un signe perpétuel qui
ne sera jamais retranché* (LV, 13).

— Laissez-moi vous renouveler la
question que je vous adressais tout-à-
l'heure, dit Hélène quand il eut fini;
pourquoi le Seigneur tarde-t-il à remplir ses promesses?

— Je vous demanderai à mon tour,
répondit M. Sarrazin avec un sourire,
pourquoi vous gardez au fond de votre
cœur des passions secrètement cares-
sées? Souvenez-vous que Jésus veut
détruire d'abord le péché en vous, et
tant que vous l'aimerez vous ne serez
point en état de jouir de ses promesses. Le Seigneur désire avant tout la
sanctification de son Eglise. — *Recher-*

chez premièrement le royaume des cieux et sa justice, nous dit-il, *et toutes choses vous seront données par-dessus.* Il faut que l'Eglise meure avec lui pour ressusciter avec lui ; *car si nous avons été faits une même plante avec lui par la conformité à sa mort, nous le serons aussi par la conformité à sa résurrection. Si nous sommes morts avec Christ, nous croyons que nous vivrons aussi avec lui* (Rom., VI, 5, 8). Quand l'Eglise sera morte au péché, elle vivra d'une vie nouvelle et le Seigneur pourra lui accorder sans danger les grâces promises depuis longtemps ; alors les bénédictions temporelles ne seront plus pour cette Eglise sanctifiée des aliments à ses convoitises, mais des moyens de la rapprocher de son divin Maître.

— O mon Dieu ! dit Hélène en se couvrant la figure de ses mains et comme se parlant à elle-même, n'aurai-je pas la force de résister au mal et de vaincre les tentations qui me poursuivent? Je traîne au-dedans de moi tout un monde de péchés, dont je ne puis me débarrasser malgré mes efforts.

— Mais pourquoi fixez-vous vos regards sur la terre, au lieu de les élever vers le suprême Restaurateur de toutes choses? reprit le pasteur. Ah! croyez-moi, chère amie, vous feriez en vain de nouveaux efforts pour rompre vos liens, ils sont plus puissants que vous. Jésus seul peut briser les chaînes des malheureux esclaves de Satan et faire luire à leurs yeux l'aurore de la délivrance.

Le soleil disparaissait à l'horizon; le vieillard et les deux jeunes filles se levèrent et se remirent en marche, non sans avoir jeté un dernier regard sur le magnifique spectacle qui se déroulait sous leurs yeux.

Des sentiments de vague tristesse les oppressaient tous trois à mesure qu'ils descendaient de ces hauteurs, où l'air était si pur et le paysage si beau. Il leur semblait que, quittant une contrée enchantée, ils allaient de nouveau s'engager dans les tristes régions de la réalité. Arrivés au bas de la colline, le soleil s'était couché, le ciel assombri ; les troupeaux, sous la conduite du berger, se hâtaient de rentrer dans le bercail ; tout annonçait l'approche de la nuit. Hélène et Augusta, sérieuses et pensives, retournèrent au château sans échanger une seule parole ; les péchés et les souffrances qui pèsent sur l'humanité, la double œuvre de Christ comme Rédempteur et comme réparateur, l'avenir glorieux de l'Eglise, tous ces tableaux se présentaient à leur esprit avec force et occupèrent leur imagination jusque bien avant dans la nuit.

CHAPITRE VII.

Qui pourra soutenir le jour de sa
venue ?

MAL., III, 2.

Deux ans et demi s'étaient écoulés
depuis l'arrivée d'Hélène au château.
Pendant ce temps, les progrès d'Augusta avaient été surprenants et rapides. Hélène était maintenant tellement
captivée par sa belle tâche, qu'elle
savait, sans le moindre effort, captiver à son tour son élève. Toutes les
impressions qui animaient l'institutrice se gravaient une à une dans
l'esprit d'Augusta ; une sympathie

pleine de douceur unissait ces deux natures, si bien faites pour se comprendre et qui semblaient ne pouvoir exister l'une sans l'autre.

Mais au sein de ces occupations intéressantes et utiles, Hélène avait négligé les intérêts de son âme immortelle. L'éducation d'Augusta était devenue son unique but, et le Seigneur n'occupait plus dans ses affections que la seconde place. Au reste, elle trouvait tant de bénédictions, tant de joie légitime dans son œuvre, qu'il lui était facile de se méprendre sur la nature de ses sentiments. Eloignée comme elle l'était de toute tentation extérieure, elle jouissait même d'une certaine paix dans son âme. Toutes les agitations du dehors avaient disparu, les bruits de la terre ne montaient plus jusqu'à elle pour la troubler; la tempête avait cessé de soulever les vagues, et son esquif, sur une mer tranquille et sous un ciel rayonnant, naviguait joyeusement comme si, dans cette voie, il était sûr d'arriver au port.

— Je vous prie, chère Hélène, allons faire une longue promenade, dit un jour Augusta après avoir achevé son travail.

Hélène mit son chapeau ; Augusta alla chercher le sien, et bientôt elles sortirent de la maison en se dirigeant vers un petit bois de chênes verts, situé à quelque distance. C'était une de ces belles journées de la fin de l'hiver, quand les arbres encore secs et dépouillés n'attendent que le premier souffle du printemps pour se couvrir de bourgeons ; le sol était tapissé d'une herbe tendre que les dernières pluies avaient fait naître. On sentait déjà l'approche de la belle saison que les oiseaux semblaient saluer de leurs chants joyeux. Hélène faisait remarquer à Augusta cette nature morte encore, mais qui allait reverdir sous l'action puissante d'un soleil vivifiant.

— Chère Hélène, comme tout changera d'aspect ! s'écria la jeune fille. Ces arbres sont si tristes ainsi dépouillés de verdure : ne dirait-on pas des corps morts qui étendent vainement les bras vers le ciel pour recevoir la vie ?

— Oui, dit Hélène ; mais imploreront-ils toujours en vain ce don précieux ?

— Oh ! non, sans doute ; bientôt...

— Bientôt, interrompit Hélène, ce germe de vie, si profondément caché durant l'hiver, percera l'écorce et mettra au jour de frais bourgeons qui ne tarderont pas à couvrir l'arbre d'un feuillage abondant.

— Il en sera de même à la résurrection, n'est-ce pas ?

— Oui, Augusta ; nos corps ensevelis dans la poussière du sépulcre recevront aussi le don de la vie qui leur avait été ôté, et se relèveront

spirituels et incorruptibles. Chère enfant, ajouta Hélène en prenant le bras
de la jeune fille pour le passer sous
le sien, nous ne comprenons pas de
quelle manière ces choses s'accompli-
ront, mais ce que nous savons, c'est
qu'il faut une résurrection, un relèvement pour toutes choses. La terre,
maudite à cause du péché, a produit
des épines et des chardons; elle a
ouvert son sein pour recevoir le sang
du Saint et du Juste; elle a été le
théâtre des injustices les plus crian-
tes, des crimes les plus révoltants.
Mais il faut que cette terre, après
avoir été témoin de l'humiliation du
Fils de Dieu et de son Eglise, soit
un jour témoin de sa gloire quand il
viendra dans son règne avec ses
saints. — *Toutes les créatures soupi-
rent et sont comme en travail jusqu'à
maintenant, en attendant la rédemp-
tion des corps,* dit saint Paul (Rom.,
VIII, 8, 9). Et les âmes des martyrs,

qui sont déjà dans la gloire placées sous l'autel, s'écrient : *Jusques à quand, Seigneur ?* (Apoc., VI, 10.) Elles appellent aussi le temps où Christ jouira du travail de son âme, où, après avoir terrassé ses ennemis, il régnera en vainqueur et dominera sur la terre. Oh ! chère Augusta, continua Hélène, élevons nos cœurs en haut et joignons nos voix à celle de la nature opprimée, à celles des élus dans le ciel, pour hâter la venue de Christ !

Augusta écoutait avidement les paroles de son amie ; malgré sa grande jeunesse, elle avait compris quelque chose de la misère qui existait en elle comme autour d'elle, et avait senti le besoin d'un Réparateur. Son imagination lui représentait ces temps où la terre, redevenue un nouvel Eden, *sera couverte de la connaissance de l'Éternel comme le fond de la mer des eaux qui le couvrent*, et où toutes les iniquités, toutes les souffrances, qui avaient soulevé son jeune cœur, aurait disparu pour toujours.

— Dites-moi, Hélène, demanda Augusta, en continuant leur promenade,
quand le Seigneur viendra avec ses
saints, n'y aura-t-il pas sur la terre
des enfants de Dieu ?

— Oui, ma chérie, saint Paul déclare lui-même : *Nous ne serons pas
tous morts, mais nous serons tous
changés* (I Cor., XV, 51).

— Oh ! que je voudrais être ici-bas,
à la venue du Seigneur ! s'écria la
petite fille. Dites-moi, chère Hélène,
quelles dispositions faudrait-il avoir
pour aller à sa rencontre avec confiance ?

— Il faudrait croire en lui de tout
son cœur et l'aimer par-dessus toutes
choses. Ah ! Augusta, poursuivit la
jeune institutrice, en soupirant, je
crains bien que ni vous ni moi nous
ne soyons encore prêtes pour sa venue !

— Mais nous pouvons nous y préparer, dit vivement Augusta.

Hélène jeta les yeux sur cette aimable enfant qui, dans l'élan de son cœur, voulait se donner tout entière à Dieu, sans mesurer les difficultés de la vie chrétienne. Elle frémit en pensant aux piéges nombreux qui allaient l'environner, et, dans sa tendre sollicitude, elle voulut la prémunir.

— Ma chère Augusta, lui dit-elle d'une voix plus affectueuse encore que de coutume, vous êtes jeune, vous ne connaissez pas le monde, vous ignorez les tentations qui vont naître sous vos pas. Dans quelque temps ces tentations prendront des couleurs plus séduisantes ; aurez-vous la force de résister ? Avez-vous pesé tous les renoncements qu'il vous faudra accomplir si vous voulez vous consacrer franchement au Seigneur ? Voyez ; déjà vous êtes accessible à la vanité et

aux plaisirs du monde, votre caractère léger vous entraîne ; mais jusqu'à
présent, retenue dans de justes limites par ceux qui vous dirigent, éloignée comme vous l'êtes de toute tentation extérieure, vous n'avez pu suivre
vos penchants naturels. Bientôt les
joies de la terre et les distractions de
la vanité vont se presser en foule
autour de vous ; le monde vous pré-
sentera ses charmes trompeurs, votre
imagination sera séduite, éblouie....
Aurez-vous alors le courage de résister
à la tentation, de vivre sur la terre
comme n'étant pas de la terre, de pré-
férer aux joies mondaines les biens
permanents du ciel, de vous donner
tout entière à votre Sauveur ? La position de votre grand-père, le rang
que vous occuperez dans le monde,
la fortune qui sera un jour votre partage, seront autant de piéges pour
votre orgueil. On murmurera à vos
oreilles des paroles flatteuses ; on

3.

louera les charmes de votre personne, la douceur de votre voix, les qualités de votre cœur ; on élèvera jusqu'aux nues vos talents, votre position , vos richesses.... Ah ! au milieu de ce concert de louanges, la voix sainte de la vérité ne sera-t-elle pas complètement étouffée ? Saurez-vous résister à l'enivrement de ces paroles mensongères, et ne vous glorifier d'autre chose que d'appartenir à Christ ? — Mais ce n'est pas tout encore, et ce que je crains le plus, c'est que votre cœur aimant et sensible ne vienne à faiblir : des affections légitimes s'offriront à vous, on vous parlera un langage qui touchera votre cœur.... Vous laisserez-vous séduire par ces affections permises, il est vrai, mais terrestres? L'image de la créature voilera-t-elle celle du Seigneur? Ah ! c'est ici que la lutte sera douloureuse , c'est ici qu'il faudra crier à Dieu pour qu'il vous soit en aide. Hélas ! ne voyez-vous pas que déjà votre cœur s'attache à tout ce qui l'entoure? vous tenez à votre maison, à votre jardin, que dis-je, même à votre chien favori.... Vous m'aimez et je vous aime; et si le Seigneur vous demandait en cet instant même le sacrifice de l'affection qui nous unit, seriez-vous prête à la lui offrir ?...

— Oh ! s'écria Augusta, jamais je ne saurais atteindre cette perfection dont vous me tracez le tableau. Elle me paraît comme une montagne trop élevée pour que je puisse la gravir !

— Eh bien ! dit Hélène avec tristesse, si vous n'en avez pas la force, peut-être le Seigneur dans son amour vous prendra-t-il à lui et vous mettra-t-il en sûreté dans son sein....

Les deux jeunes filles étaient entrées dans le bois ; les rayons du soleil, pénétrant à travers le feuillage, venaient se jouer sur le sol couvert d'un léger tapis de verdure et mettre

au jour d'humbles fleurs inconnues ,
qui avaient devancé le printemps.
Augusta courut à la recherche de ces
fleurs, emblèmes des âmes obscures
et cachées aux regards, qui pourtant
charment leurs alentours par la douceur de leur parfum. Hélène, fatiguée
de sa promenade, se laissa tomber
sur un tronc d'arbre abandonné par
les bûcherons. Le silence de cette re-
traite, interrompu seulement par le
chant du merle et de la mésange,
invitait Hélène à la méditation. Son
esprit se fixa naturellement sur la
question importante qu'Augusta lui
avait adressée : *Quels sont ceux qui le
verront ?*

« *Nous ne serons pas tous morts,
mais nous serons tous changés,* dit
l'apôtre. Changés, pensa-t-elle, non-
seulement en corps, mais surtout en
esprit. Ceux qui seront sur la terre à
la venue du Fils de Dieu, ne passe-
ront point par la mort physique; mais

ne faudra-t-il pas qu'ils subissent un dépouillement intérieur, une espèce de mort spirituelle ? La mort, dans le sens ordinaire de ce mot, n'est autre chose que la séparation de l'âme et du corps qui l'a retenue captive dans les liens du péché ; à cette heure suprême, l'âme régénérée abandonne joyeusement sa chair de péché dans la poussière de la terre et s'élance, libre et purifiée, vers les célestes demeures. Ceux qui iront à la rencontre du Seigneur et de ses saints ne devront-ils pas, eux aussi, se séparer du mal, et, par un déchirement violent, mais indispensable, abandonner par une espèce de mort la convoitise de la chair qui les enchaîne ? O renoncement douloureux et nécessaire, victoire de l'esprit sur la chair, Dieu seul peut donner la force de vous accomplir ! seul il peut séparer ce qui a été uni dès notre naissance et qui est devenu pour nous une seconde nature.

Qu'il nous donne sa puissance, et malgré la douleur que nous éprouverons en brisant l'une après l'autre des chaînes trop longtemps aimées, nous serons plus que vainqueurs par Christ. »

Hélène, convaincue de la nécessité du renoncement, se rappela aussitôt que le jeune homme dont parle l'Evangile avait observé tous les commandements de Dieu dès sa jeunesse, mais qu'il n'avait pu se résoudre à abandonner ses richesses, unique idole qu'il préférait à tout le reste.

« N'ai-je pas aussi, se dit Hélène, une idole trop chère à mon cœur ? Si cela est, ô mon Dieu, dessille mes yeux, éclaire mon cœur, dût-il se briser dans la lutte ; montre-moi le chemin du sacrifice, j'y marcherai ; fais-moi voir l'Isaac et je l'immolerai sans regret..... »

En prononçant ces mots, Hélène leva vers les cieux des yeux pleins de larmes ; mais tout-à-coup son regard rencontra Augusta..... L'enfant se tenait sur une petite éminence en face de l'endroit où Hélène était assise. Les rayons du soleil illuminaient sa figure et lui donnaient un reflet presque céleste ; elle avait quitté son grand chapeau de paille, afin de passer plus facilement à travers les buissons, et elle était là, debout, immobile, formant de ses mains délicates un gracieux bouquet qu'elle destinait à son grand-père.

Une lumière soudaine traversa l'esprit d'Hélène.

« Voilà l'idole de ton cœur, voilà ton Isaac, » murmura au-dedans d'elle une voix mystérieuse.

Ses yeux se voilèrent ; elle courba la tête et, pour la première fois, reconnut le véritable état de son cœur. Elle était arrivée chez M. de Meyrargue, désabusée de toutes les illusions de la jeunesse ; elle s'était cru désormais incapable de s'attacher avec trop d'ardeur à aucune créature humaine ; mais quand elle s'était trouvée en présence de cette aimable enfant, elle s'était prise à l'aimer avec passion. Elle s'était persuadée que l'affection qu'elle nourrissait pour Augusta était bonne , et sans doute renfermée dans de justes limites elle l'eût été, car tout amour pur vient de Dieu ; mais cette affection avait usurpé peu à peu une place dans son cœur , à laquelle seule le Seigneur avait droit. La présence de Jésus avait été voilée dans son esprit par la figure douce et riante de son élève. Augusta était devenue le premier but de sa vie ; les soins de son éducation avaient absorbé ses pensées. Déjà, à plusieurs reprises, sa conscience l'avait avertie qu'elle s'éloignait du droit chemin, mais elle avait trouvé jusque-là des excuses à son péché. Ne fallait-il pas qu'elle mît tous ses soins à remplir digne-

ment sa tâche ? Ne devait-elle pa
rendre aussi poli, aussi parfait que
possible le joyau confié à ses soins ?

Maintenant le voile était tombé.
Hélène avait reconnu son erreur.
Elle avait donné à une créature la
meilleure part de son cœur, et lorsque enfin elle avait voulu mesurer la
profondeur de cette affection qui
avait jeté au-dedans d'elle de si fortes racines, elle avait été effrayée....
Détrôner la créature et mettre Dieu
à sa place : tel était le devoir d'Hélène; elle le sentait, mais, hélas!
combien ce devoir lui semblait difficile : — *Oh ! qui m'élèvera sur cette
roche trop élevée pour moi !* s'écria-t-
elle avec angoisse ; qui me donnera la
force de changer le centre de mes
affections !

Elle venait de prononcer ces paroles, quand Augusta arriva en courant
pour lui montrer les fleurs qu'elle avait
cueillies. Mais elle s'arrêta tout-à-

coup, en remarquant le visage pâle et les yeux gonflés de larmes de son institutrice.

— Vous êtes triste, dit-elle, en jetant ses bras autour de son cou. Oh ! dites-moi ce que je pourrais faire pour vous consoler !

Hélène fut saisie au cœur à l'ouïe de cette demande ; elle serra silencieusement l'enfant dans ses bras, mais dans cette étreinte passionnée, elle sentit plus que jamais toute la force de son amour. « Pour arracher cet amour de mon cœur, pensa-t-elle, ne faudra-t-il pas le plus cruel des déchirements ? » Ah ! que ne put-elle comprendre alors que le Seigneur ne veut point détruire nos affections légitimes, mais bien se révéler à nous comme le centre divin d'où elles émanent, afin que notre âme, rapportant tout à lui, donne à lui le premier son amour et ses actions de grâces !

CHAPITRE VIII.

Hélène, effrayée de l'état de son cœur, combattait de tout son pouvoir une affection qui devenait de jour en jour plus profonde. Mais ses efforts étaient vains et semblaient déjoués par l'ennemi ; elle sortait de chaque combat meurtrie, épuisée, mais toujours attachée à l'objet de son idolâtrie. Dans cette lutte incessante et désespérée, elle usait ses forces et consumait sa vie. Semblable au timide oiseau qui fuit vainement pour échapper aux poursuites de l'aigle, Hélène luttait contre un ennemi plus fort qu'elle. Et comment aurait-il pu en être autrement ? Comment, avec ses seules forces, aurait-elle pu vaincre le péché, qui, tyran inflexible, la tenait captive sous son joug de fer ?

Hélas ! elle oubliait de demander du secours à Celui qui nous a rachetés de l'esclavage de Satan ; et d'ailleurs, s'exagérant à elle-même le sacrifice, elle s'efforçait d'arracher son amour, tandis qu'il s'agissait seulement de le soumettre à l'amour de Dieu. O aveuglement fatal de notre nature ! pourquoi sommes-nous si souvent disposés à grossir les difficultés de la vie chrétienne ? pourquoi surtout allons-nous chercher dans notre faiblesse des armes pour combattre le bon combat ? Allons bien plutôt demander la force à Celui qui est fort ; revêtons-nous *du bouclier de la foi , du casque du salut et de l'épée de l'Esprit* (Ephés., VI). Ainsi armés de toutes pièces et soutenus par le vainqueur du péché et de la mort, nous aurons l'assurance d'obtenir la victoire.

Hélène, épuisée par tant d'efforts , manquant d'énergie et de lumière , désespéra d'elle-même et du Seigneur et se laissa emporter par le courant. La vive clarté qui avait illuminé sa conscience et mis à découvert les secrets replis de son cœur, s'éteignit de nouveau ; ses pensées se détournèrent peu à peu du but suprême de la vie, et les devoirs de sa vocation continuèrent à remplir son temps et ses pensées.

Par une belle soirée de printemps, elle se promenait avec Augusta dans le jardin. Le soleil brillait encore de tous ses feux avant de quitter l'horizon. La verdure, les fleurs, les mille bruits qui de la terre s'élevaient jusqu'au ciel, réjouissaient les regards et charmaient l'oreille. Hélène qui appréciait vivement les beautés du printemps sentait son âme se dilater au milieu de cette atmosphère pleine d'harmonie ; elle éprouvait une félicité intime qui lui était inconnue dans toute autre saison de l'année, et une voix intérieure et céleste murmurait à ses oreilles des paroles d'espérance et de paix.

Qu'elle est féconde en enseignements la nature lorsqu'elle sort du tombeau ! Hélène ne pouvait se lasser de redire à son élève combien est désirable pour une âme cette résurrection spirituelle, dont la résurrection matérielle n'est que l'image. Non-seulement le règne végétal lui en fournissait de nombreux exemples, mais elle en trouvait encore dans l'instinct de ces milliers d'insecles qui se filent à eux-mêmes une tombe pour en sortir, quelque temps après, revêtus d'une forme plus gracieuse et de couleurs plus éclatantes. Elle rappelait alors à Augusta le magnifique chapitre dans lequel saint Paul parle de la résurrection des corps : *Christ étant ressuscité, est devenu les prémices de ceux qui sont morts ; car de même que tous meurent en Adam, de même tous revivront par Christ* (1 Cor., XV, 22).

Ainsi les phénomènes de la nature lui servaient à expliquer ceux plus grands et plus mystérieux de la grâce. Etres visibles et finis, nous ne pouvons nous élever jusqu'au céleste et à l'infini que par le moyen de la création matérielle ; aussi Dieu a-t-il créé les objets du monde physique de telle manière qu'ils pussent être pour nous comme de vivantes paraboles, nous aidant à comprendre les choses invisibles.

La plante, qui puise dans la terre le suc nourricier dont elle a besoin, rappelait aux jeunes filles ces âmes fidèles qui trouvent dans la communion du Seigneur et dans la prière les grâces nécessaires à leur avancement dans la piété. Cette multitude de fleurs de toute espèce dont le doux parfum embaumait l'air, leur semblait l'image de l'Eglise de Dieu dont chaque membre possède une vocation particulière et des dons différents. — *Ma sœur, mon épouse, tu es un jardin clos, une source et une fontaine cachetée,* dit Salomon, dans le Cantique des cantiques ; *tes plantes sont un jardin de grenadiers* (Cant., IV, 12, 13).

Les jeunes filles continuaient leur promenade lorsque, au détour d'une allée, elles s'arrêtèrent surprises et ravies devant un rosier, qui surpassait tous les autres par la profusion et la magnificence de ses fleurs.

— Que c'est beau ! s'écria Augusta

dans la vivacité de sa joie ; voyez, je vous prie, Hélène, ces belles roses épanouies ; quel délicieux parfum elles répandent ! de quel éclat et de quelle fraicheur elles sont revêtues !

— Oui, dit Hélène, elles sont en effet d'une beauté ravissante ; on aime à voir la vie partout où elle se trouve.

— Dites-moi, chère amie, demanda Augusta, ces roses ne vous semblent-elles pas l'emblème des âmes d'élite, qui, remarquables par leurs vertus non moins que par leur intelligence, font l'ornement et la gloire de l'Eglise ?

— Il est vrai, Augusta ; ces fleurs, parvenues à leur plein épanouissement, peuvent être comparées à ces chrétiens riches en la foi, parés de bonnes œuvres, et qui exhalent autour d'eux la bonne odeur de l'Evangile de Christ. Mais de même que la fleur, avant de s'épanouir, doit subir diverses phases, affronter de rudes orages, passer par l'état de bouton, et enfin déchirer l'enveloppe qui retient ses pétales emprisonnés, de même ce n'est que par bien des épreuves, bien des combats et bien des déchirements que le chrétien peut espérer d'arriver à la stature parfaite de Christ.

Dans ce moment Augusta, soulevant avec précaution une des branches de l'arbuste, poussa un nouveau cri de surprise, causé par la vue d'un délicieux bouton de rose. Son calice, légèrement entr'ouvert, semblait n'attendre qu'un nouveau rayon de soleil pour achever d'éclore et montrer à tous les regards une fleur éclatante de richesse et de grâce.

— Qu'il est beau ! s'écria Hélène saisie d'admiration ; quelle charmante rose il nous promet dans quelques jours ; que d'espérances sa simple vue fait naître ! Augusta, voilà votre image : ce bouton, caché encore aux regards, renferme pourtant la vie dans son sein, et....

— Aura-t-il la force de s'épanouir? demanda vivement Augusta.

Hélène pâlit. — Je l'ignore, répondit-elle; ses épreuves ne sont pas encore terminées; il aura à supporter les brouillards du matin, la chaleur du jour, les orages... Sera-t-il de ceux qui arrivent à un parfait épanouissement? Ou bien, meurtri et vaincu par les éléments ennemis, succombera-t-il avant d'avoir exhalé ses plus doux parfums? Nul ne le sait.....

Hélène se tut. Augusta, sérieuse et recueillie, gardait le silence. Le rapprochement que son amie venait de faire entre elle et le bouton de rose l'avait frappée. A la fin, prenant le bras d'Hélène :

— Rentrons, dit-elle, il commence à faire froid.

En effet, un air vif venait de se lever; de sombres nuages avaient caché le soleil. La nature si brillante, si pleine de lumière, un instant auparavant, ne présentait plus qu'un aspect morne et attristant. Il semblait qu'un épais rideau, jeté sur elle, voulait anéantir toutes les espérances qu'elle cachait dans son sein. Les oiseaux mêmes, surpris par cette obscurité soudaine, avaient cessé leurs chants et se préparaient au sommeil. Hélène sentit au cœur un froid glacial, comme celui que la mort répand dans les veines, quand elle vient briser le dernier lien qui nous attache à la vie.

« Ah ! se disait-elle, faut-il donc que notre terre ne nous présente jamais que mélancoliques images, que lugubres tableaux ? Après nous avoir éblouis par l'éclat de ses charmes, faut-il qu'elle nous attriste par les teintes sombres d'une douloureuse réalité ? »

Les deux jeunes filles se hâtèrent

de rentrer au château, où M. de Meyrargue les attendait avec impatience.

CHAPITRE IX.

L'herbe est séchée; la fleur est
tombée, parce que le vent de
l'Eternel a soufflé dessus.

ESAÏE, XL, 7.

Tous les habitants du château venaient de se retirer. Augusta avait souhaité une bonne nuit à son grand-père et embrassé son institutrice avec plus de tendresse encore qu'à l'ordinaire; toutes les lumières étaient éteintes, le silence régnait dans la maison. Hélène seule ne pouvait se livrer au repos; elle parcourait à pas lents la terrasse du château et con-

templait le ciel avec anxiété ; mais son
regard fatigué ne rencontrait de toutes
parts que l'obscurité la plus profonde.
Pas une étoile dans la vaste étendue
des cieux ; des nuages noirs et mena-
çants, déchirés par de rapides éclairs,
s'accumulaient du côté de l'ouest. Le
vent soufflait avec impétuosité et cour-
bait en tous sens les branches les
plus vigoureuses des arbres : le rou-
lement du tonnerre qui se rappro-
chait de plus en plus, portait l'épou-
vante dans l'âme d'Hélène. Bientôt
de larges gouttes de pluie commen-
cèrent à tomber et l'obligèrent à
rentrer dans la maison ; mais là, debout encore derrière la fenêtre, elle
suivit dans une fièvreuse agitation
les progrès de la tempête. Les tor-
rents de pluie qui se précipitaient sur
la terre avec fracas, l'horreur des
ténèbres, l'éclat menaçant de la fou-
dre, tout la remplissait de crainte et
d'effroi. Cependant, chose étrange, et

qui paraîtra sans doute puérile à ceux qui ne connaissent rien de ces vagues appréhensions, de ces mystérieux pressentiments dont l'âme la plus forte ne saurait parfois se défendre, — chose étrange, disons-nous, l'objet vers lequel se portaient surtout les préoccupations, l'anxiété d'Hélène, c'était ce frêle, ce charmant bouton de rose qu'elle avait admiré dans la journée, et qui s'était tellement identifié dans son esprit avec la pensée d'Augusta, qu'il lui semblait que le sort de l'un serait le fidèle présage du sort de l'autre. « Mon Dieu, épargne-*la*, épargne-*la*, s'il est possible... » Tel était le cri qui s'échappait de sa poitrine oppressée, tandis qu'à son imagination frappée se présentaient tour-à-tour les sinistres images de fleurs brisées par la tempête et de mort prématurée...

Enfin l'orage s'apaise ; les nuages, balayés par le vent, sont chassés vers le sud ; la clarté de l'éclair fait place à celle des étoiles et la voûte étincelante et azurée s'étend, comme un vaste pavillon, au-dessus de la nature encore haletante.

Le lendemain, à l'heure où les oiseaux saluent avec joie le retour de l'aurore, Hélène descendait dans le jardin. Le soleil, plus beau, plus radieux que de coutume, se leva sur des débris ; le tendre feuillage des arbres déchiré par la violence des vents, les allées sillonnées en tous sens par le passage des eaux, les plantes mutilées, les fleurs délicates qui, la veille, étaient l'ornement du jardin, effeuillées ou abattues, tel fut le tableau qui s'offrit aux regards de la jeune fille. Elle parcourut d'un pas rapide les diverses allées du jardin, et se trouva bientôt en présence du rosier qui la veille avait attiré les regards d'Augusta et les siens. Les roses épanouies, toutes dégouttantes encore de l'eau de la pluie, avaient résisté à l'orage. Hélène écarta avec vivacité la branche qui lui cachait l'humble bouton de rose ; mais, hélas ! le bouton n'était plus là ; violemment arraché de sa tige, il gisait tout meurtri sur le sol....

Hélène laissa retomber la branche, et contempla longtemps dans une morne stupeur les débris de cette fleur qui semblaient lui répéter bien haut ces paroles du prophète : *Toute chair est comme l'herbe, et toute sa grâce comme la fleur de l'herbe !* Un frisson glacial parcourut tout son être. Ces douloureux pressentiments qui depuis quelque temps la poursuivaient sans cesse, allaient-ils donc se réaliser? Cette idole qui avait absorbé ses soins, son temps, les affections de son cœur, faudrait-il aussi la sacrifier? Cette enfant, douée de tant de charmes et de tant de grâces, le Seigneur voudrait-il la transporter dans un lieu où elle ne serait plus un objet de tentation pour personne? Allait-elle se flétrir comme ce bouton de rose, qui la veille encore rivalisait avec elle de fraicheur, d'éclat et de beauté?

Hélène retourna à la maison, le cœur profondément angoissé. Elle avait éprouvé pour cette enfant toutes les douleurs et toutes les joies de l'amour maternel; le Seigneur s'était servi de son moyen pour amener Augusta à la nouvelle naissance. Elle avait tellement prié le Seigneur en faveur de l'objet de son amour, qu'elle avait cru que cet amour était pour ainsi dire sanctifié par ses prières. Et cependant, en s'attachant à la créature, elle s'était éloignée du Créateur; elle avait adoré et servi le don, en oubliant Celui de qui elle le tenait. — O péché de tous les temps et de tous les âges, amour du terrestre, qui remplace et qui voile l'amour du céleste, quand auras-tu cessé de nous asservir? Quand viendra le temps où les choses visibles, rentrant dans la place que le Seigneur leur avait assignée, ne seront plus qu'un moyen de nous conduire à Dieu? Notre âme, qui devrait dominer la matière, est tyrannisée par elle; aussi quel est le chrétien qui ne soit prêt à s'écrier comme l'Apôtre : *Qui nous délivrera de ce corps de mort ?* (Rom., VII, 24.)

Hélène, se croyant plus malheureuse que coupable, se plaignait elle-même plus qu'elle ne se condamnait; par conséquent son affliction ne pouvait être sanctifiée. Et comment aurait-elle pu l'être, puisque chaque fois qu'une lumière trop vive pénétrait dans son âme et lui montrait la hideuse laideur de son péché, la jeune fille mettait la main devant les yeux? Cette clarté éblouissante la troublait et lui faisait mal. Enfin elle sut si bien endormir ses remords, que sa conscience cessa de la reprendre. La lumière, qui suffit pour convaincre de péché, ne suffit pas pour purifier le cœur. La jeune fille aima toujours, aima plus que le Seigneur, une créature qui faisait toute sa joie et une œuvre qu'elle ne croyait accomplir que pour la gloire de Dieu.

CHAPITRE X.

Oh ! dis, fleur, que la vie a fait sitôt flétrir,
N'est-il pas une terre où tout doit refleurir....?

LAMARTINE.

Près d'un an s'est écoulé depuis notre dernier récit. La nature commence à reverdir, le soleil d'avril a fondu la neige et ramené la joie au sein de la campagne désolée. Déjà le lilas et l'aubépine fleurissent; une branche de rosier blanc, chargée de boutons à peine éclos, pénètre par la fenêtre ouverte dans la chambre d'Augusta. Tout est silencieux dans cette chambre de douleur. Augusta si fraîche, si pleine de santé quelques jours auparavant, repose pâle et décolorée sur sa couche; ses traits, contractés par la souffrance, portent l'empreinte de la lutte acharnée que se livrent en elle la vie et la mort. Par moments, elle lève un regard inquiet vers le ciel, comme pour demander à la miséricorde divine de l'épargner, elle qui n'a encore fait que tremper ses lèvres dans la coupe de la vie.

M. de Meyrargue, assis près du lit, contemple avec désespoir les ravages de la maladie sur le visage bien-aimé de son enfant. Il tient une de ses mains qu'il serre avec force, comme si cette étreinte pouvait la sauver; tandis qu'Hélène debout, immobile près d'Augusta, implore intérieurement le secours du Dieu qui délivre, prenant pour le cri de la foi ce qui n'est que le désir de son cœur.

A cette heure, dans cette chambre, tous demandent la vie comme le plus précieux des biens....

A cette heure, dans le ciel, la sagesse et la charité divines, s'entre-baisant dans une union parfaite de volonté et d'amour, prononcent la mort, comme la plus grande des délivrances....

O sagesse éternelle ! nous t'adorons même dans tes décrets les plus sévères, même quand ta jalousie est cruelle jusqu'au sépulcre ! Si le coup est nécessaire pour détacher le cœur d'Hélène des choses d'ici-bas ; s'il est nécessaire aussi pour empêcher le monde et Satan de ternir cette jeune fleur, qui semblait devoir faire l'ornement du jardin de Dieu, que notre volonté et que notre cœur se prosternent et s'humilient ! Mais toi, charité divine, tendre et inépuisable amour de Jésus, descends des hauteurs des cieux ; viens accomplir ton œuvre, viens adoucir la blessure par le baume de tes célestes consolations. Viens dans cette chambre de deuil; remplis-la de ton ineffable influence; voile à tous les yeux les frayeurs de la mort; ouvre à l'âme que tu veux rappeler à toi les célestes demeures, et fais-lui goûter à l'avance la joie des élus. Que tes bras éternels l'environnent; qu'ils la transportent, sans angoisse et sans secousse, de ce monde de péché et de misère dans la gloire et la félicité éternelles!

. . . .

. . . .

Il était dix heures du soir. Le docteur venait d'entrer, mais le regard qu'il jeta sur la malade révéla soudain la vérité à Hélène : il n'y avait plus d'espoir!.... Soudain aussi, et au moment même où la dernière lueur d'espérance qui l'avait soutenue vint à s'éteindre, elle se sentit transportée, comme par une force surnaturelle, au-dessus du monde visible. Les choses terrestres s'effacèrent à ses yeux; elle s'oublia elle-même pour ne penser qu'à l'âme de cette enfant qu'elle avait tant aimée. Elle se pencha vers sa couche et d'une voix tendre, mais distincte :

— Augusta, ma bien-aimée, lui dit-elle, réveillez-vous encore pour nous dire adieu, car le Seigneur veut vous prendre à lui.

La malade leva ses pesantes paupières et fixa sur son amie un regard agité; elle lui prit la main, et comme si elle se défiait de ses propres forces :

— Dites-moi qu'il m'aime! répondit-elle d'une voix faible; j'ai besoin de le savoir pour aller à lui sans regret.

— Oui, il vous aime, ma bien chère Augusta, vous êtes son enfant, qu'il a rachetée par son sang; vous lui êtes un précieux joyau.

Le regard de la jeune mourante brilla d'un éclat céleste à l'ouïe de ces paroles. Elle regarda Hélène comme pour lui dire de continuer.

— Allez, allez à lui, ma bien-aimée, dit Hélène. Voyez! le ciel est ouvert, Jésus vous tend les bras; il lui tarde de recueillir son agneau dans les célestes pâturages.... N'entendez-vous pas les concerts des anges et les cantiques des élus qui célèbrent votre arrivée?....

A mesure qu'elle parlait, Augusta élevait les yeux vers le ciel. La charité divine déchira le nuage qui cachait à ses yeux la gloire éternelle : elle entrevit le bonheur qui l'attendait et l'amour de Jésus. Les illusions trompeuses du monde s'évanouirent devant ces réalités glorieuses ; la paix des élus se répandit sur tous ses traits, un radieux sourire parut sur ses lèvres, et son âme, portée par une main invisible, se détacha sans effort

de l'enveloppe terrestre qui l'avait retenue captive ici-bas.

L'heure du départ ne fut troublée
ni par le désespoir, ni par des cris
d'angoisse; l'Esprit consolateur faisait
sentir à tous sa puissante influence.
Le ciel venait de s'entr'ouvrir, et il
avait laissé tomber, dans cette chambre mortuaire, un des rayons lumi-
neux de sa gloire. Tous les cœurs
étaient saisis et comme contenus par
une force invincible. Pour la première
fois peut-être, M. de Meyrargue éprouvait une émotion mêlée de respect,
dont il ne pouvait se rendre compte;
c'est qu'il avait suivi lui aussi jusqu'aux portes des cieux l'âme de son
enfant chérie, et il essayait d'élever
vers ces régions célestes le premier
élan de son âme.

Le murmure n'approcha d'aucun
de ces cœurs; les frayeurs de la mort
ne troublèrent point cette nuit solen-
nelle. Le Seigneur soutenait ces âmes

brisées et planait au milieu d'elles, présent quoique invisible.

Le surlendemain, la dépouille si chère de l'enfant fut déposée dans le sein de la terre. Les paroles de vie éternelle et de résurrection que le pasteur prononça sur la tombe furent un baume pour les affligés; il leur fit contempler l'âme de la jeune fille, couronnée de joie et de gloire au pied du trône de l'Agneau, unissant, à cette même heure, sa douce voix au concert des saints, en attendant le jour où son enveloppe de poussière, vivifiée par le souffle de l'Esprit, se relèverait incorruptible et glorieuse.

Le soir, Hélène, seule avec son Dieu, sentit le besoin de retremper son âme auprès de lui par la prière. — Elle était maintenant plus seule que jamais; un vide profond, immense venait de se former autour d'elle. La force extraordinaire qui l'avait soutenue, pour accomplir jusqu'à la fin son œuvre auprès de l'enfant, ne lui étant plus nécessaire, lui avait été retirée; et là, humiliée devant son Maître, elle sonda avec douleur, mais avec courage, la profonde blessure que son cœur venait de recevoir. L'Esprit de lumière jeta dans sa conscience un rayon pénétrant; l'état de son âme lui apparut dans toute sa vérité. Son péché, ce péché qu'elle avait entrevu déjà à plusieurs reprises, mais qu'elle avait craint de regarder en face, fut manifesté avec force; elle ne pouvait plus le couvrir d'un voile, comme elle l'avait fait autrefois; il se dressait là devant elle pour lui expliquer, pour justifier, en quelque sorte, la sévérité des voies de Dieu. Cette créature et cette œuvre, la joie de son cœur et le but de sa vie, cette idole qu'elle avait essayé si faiblement de combattre, le céleste Opérateur, dans sa juste jalousie, venait de l'ar-

racher de ses mains : qu'avait-elle à
dire? Ne l'avait-elle pas mérité? Il
est vrai que cette créature, précieux
joyau du Seigneur, était digne d'a-
mour ; il est vrai aussi que l'attache-
ment d'Hélène avait été purifié en
partie par la prière et par la foi;
l'œuvre qu'elle accomplissait envers
son élève était légitime , et de
plus , elle avait été abondamment
bénie; enfin c'est auprès de Dieu
même que la force de la remplir avait
été puisée. Mais n'est-ce pas surtout
par les choses les plus légitimes et
les plus excellentes que Satan cherche à nous détourner du Seigneur?
Pour mieux nous tromper , ne se
déguise-t-il pas souvent en ange de
lumière, en sorte que nos faibles
cœurs ne savent plus discerner les
piéges qu'il nous dresse ? Tel avait
été le cas d'Hélène, jusqu'à ce qu'enfin le doigt de Dieu s'étant posé avec
force sur la plaie, la douleur lui eût

révélé l'existence de ce mal, d'autant plus dangereux qu'il était caché.

Oui, elle le reconnaissait maintenant, l'enfant et l'œuvre dont elle était l'objet avaient absorbé, avaient constitué sa vie elle-même ; elle leur consacrait son temps, ses forces, ses pensées les plus intimes, ses meilleures affections. Ces choses lui avaient été données pour la rapprocher du Seigneur. Elles devaient être un moyen, le Seigneur devait être le but. Hélène avait pris le moyen pour le but ; elle avait mésusé des dons de Dieu.

Désormais il faudra que le but de toute sa vie, le centre de toutes ses affections soit Christ, seul aimable, seul digne d'être adoré. Il devra prendre le premier rang en toutes choses, être aimé pour lui-même et non plus pour ses dons. Hélène le comprit, et elle saisit avidement cette lumière nouvelle qui lui montrait la sainte figure du Fils de Dieu. Dans la première phase de sa vie spirituelle, son *intelligence* avait été convaincue ; dans la seconde, sa *conscience* avait été réveillée ; mais cette fois le Seigneur la frappait au *cœur,* car *c'est du cœur que découlent* pour nous *les sources de la vie ;* et c'est pour arriver jusqu'à ce cœur rebelle, c'est pour le gagner complètement, pour nous apprendre la difficile leçon du renoncement que toutes nos épreuves nous sont envoyées.

Hélène courba son front dans la poussière, humiliée et confondue. Oh ! combien son aveuglement lui parut fatal ! combien l'image du Fils de Dieu, brillante de sainteté et de gloire, lui sembla supérieure à celle de toute créature humaine ! combien cet amour divin et pur lui parut infiniment élevé au - dessus de tous les amours terrestres et finis ! Elle comprit que les liens qui pourraient encore l'attacher aux créatures et aux choses visibles, devaient s'élever d'abord jusqu'à Dieu,

au lieu de se fixer directement sur
des objets périssables.

Quelque temps après, Hélène dut
quitter le château. Ses adieux à M. de
Meyrargue furent touchants et solen-
nels. Au milieu de ses sanglots, elle
essaya de lui parler de Jésus, mais le
vieillard avait déjà compris.... Son
bonheur, trop longtemps appuyé sur
des objets terrestres et passagers, s'é-
tait anéanti avec eux. Il serra la main
d'Hélène, et levant les regards vers
ce ciel où l'âme de son enfant semblait l'attendre : — « Là haut, » lui
dit-il. Il ne put continuer : ce mot
rendait toute sa pensée. Les choses
éternelles et impérissables lui paraissaient un rocher solide, sur lequel
l'édifice de ses espérances pouvait désormais s'appuyer sans craindre d'être
renversé.

Avant de partir, Hélène, appuyée sur le bras du pasteur, voulut parcourir encore ce jardin si rempli de souvenirs, pour lui dire un dernier adieu. Elle avait besoin de répandre son cœur dans celui de son vieil ami ; elle lui raconta avec beaucoup d'émotion ses luttes, ses déchirements, ses victoires. Elle lui dit quelle lumière céleste venait d'illuminer son sentier.

— Oui, s'écria-t-elle en terminant, Christ doit être désormais mon tout, ma vie. Le mieux aimer, le mieux connaître, le posséder plus pleinement, voilà tout mon désir. Il est le commencement et la fin ; sa main m'a accueillie au seuil de la vie chrétienne, et c'est lui qui doit être mon guide jusque dans l'éternité. Le Seigneur a voulu mon cœur et mon cœur *veut* maintenant se donner à lui. Pouvais-je être rassasiée de ses biens tant que je le servais avec une volonté partagée ? Ah ! qu'il règne à l'avenir sur mon être tout entier, et qu'aucun rival ne vienne jamais lui disputer sòn empire !

La jeune fille, épuisée d'émotion, s'arrêta. M. Sarrazin l'encouragea par des paroles de sympathie. Le cœur de l'homme ressemble au cœur d'un autre homme ; il comprenait les expériences de cette jeune âme. Lui aussi n'avait-il pas, pendant de longues années, méconnu le but de son existence ? Ne se rappelait-il pas une époque où il vivait chrétiennement sans doute, mais où il faisait consister toute sa joie dans l'exercice des dons de Dieu, dans un certain zèle pour son service, dans les œuvres si utiles dont il remplissait sa vie ? Hélas ! que de chrétiens qui tombent dans une semblable méprise, se faisant une idole de leur activité chrétienne, ne voulant le Seigneur que pour ses dons, pour la satisfaction personnelle qu'ils goûtent dans sa communion et dans le bonheur de le servir !

O Jésus ! Dieu manifesté en chair, ta figure est voilée aux regards de ton Eglise et du monde. Les préoccupations terrestres, les convoitises et même les affections légitimes de notre cœur se placent comme autant d'obstacles entre toi et nous. Et pourtant, nous sentons dans le cœur un vide immense, que rien ici-bas ne saurait combler. Viens déchirer le nuage qui nous cache ta face, viens te communiquer à nos âmes altérées ! Toi seul peux répondre à nos désirs, satisfaire les besoins infinis de notre nature. Toi seul aussi, tu es et tu dois être le centre unique, la fin de notre existence. Viens donc, Seigneur ! que désormais notre âme n'ait soif que de toi, ne cherche que toi ! C'est pour que tes enfants parviennent à ce but que dans ta miséricorde tu les châties. Oui, nous possédons la clef de l'énigme : nous comprenons ton plan d'amour, le sens de nos épreuves; nous savons que c'est par des voies douloureuses que tu prépares tes rachetés pour le ciel, et ton Eglise pour ton retour !

L'AMOUR ÉGARÉ,

PAR A. VINET.

Je prodigue sans fin le meilleur de mon être,
Et de moi-même, hélas ! ne garde rien pour moi :
A l'opinion vaine, à la soif de paraître,
Au plaisir, à mes sens, au monde, méchant maître,
Mon Dieu, je livre un cœur qui n'appartient qu'à toi !

Je jette à tous les vents des passions humaines
La puissance d'aimer que tu mis en mon cœur ;
Sur un sable infécond j'égare ces fontaines
Qui devaient apporter, par des routes certaines,
A mille plants divers la sève et la vigueur.

Des ennuis du péché, consolateur perfide,
Un fantôme, un néant enlève mon amour :

Mon cœur en le suivant s'égare dans le vide ,
Et de l'ingrat objet de sa poursuite avide ,
Quand il a tout donné, n'obtient rien en retour.

Vers le tomber du jour , comme un berger fidèle
Recueille dans le clos ses agneaux dispersés ,
Et comme un doux printemps ramène à tire-d'aile
Vers le toit bien connu la joyeuse hirondelle ,
Ainsi, divin témoin de mes efforts lassés ,

Viens , et recueille en moi les forces de mon être :
Réunis au foyer tous ces rayons épars ;
Ramène cet esprit avide de connaître ,
Ce cœur pressé d'aimer, ce cœur qui cherche un maître,
Cette foi, ces regrets , ces soupirs , ces regards ,

Au centre vers lequel gravite la nature ,
Et vers qui tout esprit, tout cœur doit graviter ,
A ce centre adorable où toute créature,
Recouvrant sa beauté, sa force, sa droiture ,
Se voit sans se haïr , s'aime sans l'irriter.

FIN.

Toulouse, Imp. de A. CHAUVIN, rue Mirepoix , 3.

SE TROUVE :

A TOULOUSE,
Chez Delhorbe, libraire, rue des Balances, 35.

A PARIS,
Chez Ch. Meyrueis et Cᵉ, rue Rivoli, 174 ;
Chez J. Cherbuliez, lib., rue de la Monnaie, 10,
Chez Grassart, libraire, rue de la Paix, 3, et rue
Saint-Arnaud, 4.

A LYON,
Chez Denis fils, rue Impériale, 12.

A GENÈVE,
Chez Emile Beroud, libraire.

A LAUSANNE,
Chez Delafontaine et Cᵉ, libraires.

A NEUCHATEL,
Chez L. Meyer et Cᵉ, libraires, successeurs de
J.-P. Michaud.

A BRUXELLES,
A la Librairie chrétienne évangélique, rue de l'Im-
pératrice, 33.